Les alouettes de boue

Crosbie Garstin

Writat

Cette édition parue en 2024

ISBN : 9789359949987

Publié par
Writat
email : info@writat.com

Contenu

JE

LES "FERTS"

Quand j'étais jeune, mes parents m'ont envoyé dans un internat, non pas dans l'espoir de m'instruire, mais parce qu'ils voulaient un foyer tranquille.

Dans ce pensionnat, j'ai rencontré un certain Frederick Delano Milroy, un gamin potelé et couleur de flamme qui n'avait aucune prétention au génie, sauf comme *littérateur*.

L'occasion qui a établi sa réputation avec la plume a été un essai d'histoire naturelle. On nous a donné cinq feuilles papier, deux heures et notre propre choix de sujet. J'ai choisi l'éléphant, je me souviens, après avoir été gentil avec lui grâce à un sac de noix.

Frederick D. Milroy a dirigé son effort « Le Fert » en grandes majuscules et a commencé : « Le Fert est un animal noble… » Il n'est pas allé plus loin, l'extrême noblesse du furet l'ayant apparemment aveuglé sur ses autres caractéristiques.

L'autre jour, alors que j'errais sur la « ligne », esquivant les miettes boches avec plus d'agilité que de grâce, j'ai retrouvé Milroy (Frederick Delane).

Il se tenait à l'entrée d'un petit trou douillet, ses bottes et sa tunique défaites, reniflant la nitroglycérine du matin. Il avait considérablement enflé depuis nos années littéraires, mais ses cheveux étaient toujours aussi roux, et j'aurais dû le reconnaître n'importe où – dans la nuit la plus sombre. J'ai plongé pour lui et son trou, je l'ai poussé dedans et me suis réintroduit. Il se souvenait très bien de moi, secouait chaleureusement mes engelures et m'invitait plus loin sous terre pour prendre le thé et discuter.

C'était un joli trou, exigu et humide, mais très profond, et avec ces témoignages d'amour boches qui résonnaient à l'étage, j'avais l'impression que plus l'Australie était proche, mieux c'était. Mais les rats ! Jamais auparavant je n'avais vu de rats en si grande quantité ; ils coulaient partout dans la pirogue, fouillaient dans les placards, jouaient au baiser dans l'ombre, chantaient et braillaient derrière les vieilles lambris de chêne jusqu'à ce qu'on puisse à peine s'entendre crier. J'aime les animaux, mais je n'aime pas devoir partager mon thé avec un rongeur chauve qui fait du bruit dans ses tasses, ni voir deux jeunes gens pleins d'entrain se battre pour le championnat du district sur mon pain - et -beurre.

Freddy s'est excusé pour eux ; ils devenaient un peu au-dessus d'eux-mêmes, il avait peur, mais ils étaient rarement dangereux, attaquaient rarement quelqu'un sans provocation. « Vivre et laisser vivre » était leur devise. Malgré cela, ils recevaient parfois un peu *de trop* ; lui-même s'était mis en colère lorsqu'il s'était réveillé un matin pour trouver un rat musclé assis sur son visage se peignant les moustaches par erreur (une erreur pardonnable dans le noir) ; et, décidé à leur donner une leçon, il avait pensé à son vieil ami, le noble fert. Il renvoya donc chez lui deux des meilleurs.

Les furets sont arrivés en temps voulu, ont reçu les noms de Burroughs et Welcome, ont été bénis et relâchés.

Ils avaient eu un voyage difficile au fond du sac postal et cherchaient des ennuis. Un vieux rat est sorti de son club pour voir de quoi il s'agissait et a obtenu l'excitation dont il avait besoin. Sept amis sont venus à ses funérailles et n'ont plus jamais souri. Il y eut de grandes réjouissances dans ce mess souterrain ce soir-là ; Burroughs et Welcome ont été fêtés avec du bœuf bully et du lait concentré et ont été nommés membres honoraires.

Pendant trois jours, le bon travail se poursuivit ; il y avait des pleurs dans les placards et des grincements de dents derrière les vieilles boiseries de chêne. Puis, le quatrième jour, Burroughs et Welcome disparurent, et les rats envahirent à nouveau les leurs. Les déserteurs furent retrouvés une semaine plus tard ; ils s'étaient faufilés à travers un système de trous à rats jusqu'à la pirogue suivante, habitée par les Atkins, et y étaient restés, invités d'honneur.

C'est dans la nature de l'Atkins britannique de faire de n'importe quoi un animal de compagnie, depuis le crapaud jusqu'au cochon de lait, il n'y peut rien. L'histoire de Saint Georges, doyen des soldats britanniques, tuant ce dragon – une absurdité ! Il lui aurait peut-être donné une fessée jusqu'à ce qu'il promette de se reformer, puis il lui aurait donné une cigarette et l'aurait ramené à la maison pour amuser les enfants. Pour en revenir à nos furets, Burroughs et Welcome n'ont fait aucune exception à la règle ; on leur apprit à s'asseoir et à mendier, à se coucher et à mourir, à faire tourner les ressorts et à jouer de l'orgue à bouche ; ils étaient gorgés de maconochie, de confiture de prunes et de ration de rhum ; il était peu probable qu'ils se couchent jamais sobres. Plusieurs fois, ils furent ramenés au mess des officiers et exhortés à faire leur part, mais ils retournèrent immédiatement chez leurs amis les Atkins, via leur route privée, préférant naturellement une vie de carrousel continu et de vaudeville parmi les marmites de chair. , à saper et à exploiter des trous de rats humides.

Freddy était d'avis que, lorsque le bataillon progresserait vers Unter den Linden, Burroughs et Welcome seraient avec lui comme mascottes régimentaires, marchant derrière la fanfare, cloches aux doigts, bagues aux orteils. Il m'a également assuré que s'il devait un jour écrire à nouveau un essai sur le Fert, ses caractéristiques, l'adjectif « noble » n'y figurerait pas aussi en évidence.

II

OTTO

Il y a très très longtemps, Frobisher et moi, assistés d'une poignée de soldats indigènes, avons fait flotter le drapeau à M'Vini.

Nous l'avons hissé au sommet d'un arbre au lever du soleil, où il est resté, battant langoureusement ses lambeaux sur des lieues de brousse d'Afrique centrale jusqu'au coucher du soleil, lorsque nous l'avons remonté vers le bas - une vie ardue. Après avoir passé environ six mois à M'Vini, après avoir filmé tout ce qui valait la peine d'être filmé et connu par cœur les histoires drôles de chacun, Frobisher et moi nous sommes ennuyés l'un de l'autre, détestant en fait la vue, le son et la simple proximité l'un de l'autre. et, nous enfermant dans nos huttes séparées, nous ne communiquions que dans les cas de nécessité la plus pressante, et ensuite par de brèves notes officielles. Ainsi trois mois supplémentaires s'éternisèrent.

Puis, par une chaude après-midi, le garçon de Frobisher est venu chez moi, portant une note.

"Un visiteur venant du sud-ouest s'est levé comme une reine de mai ; je pense que ce doit être le Kaiser. Prêtez-moi une bouteille de whisky et montez une garde - cela doit impressionner le ravageur."

J'ai attaché ma dernière bouteille de scotch au messager et je suis parti monter la garde, ce qui n'était pas une tâche très facile, car l'armée était allée fêter l'anniversaire de quelqu'un dans le village voisin. Cependant, j'ai découvert un soldat restant allongé à l'ombre d'un nèfle. Il était malade, mourant, m'a-t-il assuré ; mais je le persuadai de retarder son décès d'au moins une demi-heure, réquisitionnai son médecin (le sorcier local) et deux compagnons du camp, et, laissant mon garçon de cuisine les servir de valet de chambre, me précipitai vers ma hutte pour faire mes propres toilettes. Un aperçu à travers les nattes de canne cinq minutes plus tard m'a montré que nos visiteurs étaient arrivés.

Un officier allemand fruité en tenue de gala complète (gants blancs et tout) se promenait à dos de mule devant notre camp, essayant de découvrir s'il était habité ou non. Nous le laissons naviguer un quart d'heure sans faire aucune démarche pour l'éclairer. Puis, à un signal donné, Frobisher, caparaçonné de tous les fall-lal qu'il pouvait rassembler, sortit de sa hutte, et je chassai la garde improvisée. Un spectacle émouvant; et cela eut l'effet escompté, car l'Allemand avoua ensuite avoir été profondément impressionné, en particulier par le sorcier local, qui paradait dans ses insignes professionnels et, se trouvant à contre-courant avec son fusil, se frappa à la baïonnette et pleura amèrement. Les cérémonies terminées et le blessé retiré, nous nous sommes rendus au *kya* de Frobisher, avons abordé le whisky et nous sommes assis solennellement, raides sous nos accessoires, trempés de sueur. Notre visiteur a fait voler les Rouge, Blanc et Noir sur un arbre au-dessus de la frontière, a-t-il expliqué ; c'était sa cérémonie annuelle. Il soupira et essuya la sueur de son nez avec le bout d'un gant blanc : « Il faisait chaud, *nicht wahr* ? J'ai admis que nous avions nous-mêmes essayé de faire flotter des drapeaux et que la météo était tout ce qu'il prétendait (ce qui m'a coûté environ quatre livres). Langues pendantes, flancs gonflés, nous avons discuté de la taxe sur les cabanes, de la récolte de melons, du marché aux noix, du nègre – et encore du temps.

Soudain, Frobisher se leva, détacha les chaînes de son Sam Browne, le jeta dans un coin et commença à déchirer les crochets de sa tunique. Je le regardais avec étonnement : quelles manières devant les visiteurs ! Mais notre hôte immaculé se leva avec un rugissement semblable à celui d'un lion libéré et, enlevant ses gants blancs, les jeta après Sam Browne, sur quoi une fureur de déshabillage s'empara de nous. Casques, ceintures, tuniques, chemises étaient entassés dans un coin, jusqu'à ce que nous nous retrouvions enfin en sous-vêtements, riant et sans honte. Après cela, nous nous sommes bien entendus, ce Teuton et nous, et trois jours plus tard, lorsqu'il a grimpé à bord de sa mule et est parti pour la maison (en pyjama cette fois), c'est avec un réel regret que nous lui avons fait nos adieux.

Mais pas pour longtemps. Au bout d'un mois, nous avons été surpris par une grêle venue de la brousse, et il y avait Otto, sa mule, son pyjama et tout.

"'Ullo, 'ullo, 'ullo!" il a chanté. "'Ere gomes ze Sherman invasion! Brûlez la garde!" Il éclata de rire, tomba de son palefroi et brailla pour son homme chauve-souris, qui s'avança d'un pas tranquille, tenant en équilibre une boîte carrée sur son pâté laineux.

Sa mère à Munich lui avait envoyé une caisse de Lion Brew, expliqua Otto, alors il l'avait apportée.

Nous avons navigué jusque tard dans la nuit et sommes sortis de l'autre côté, et nous avons aimé notre Otto plus que jamais. Nous avions beaucoup de choses en commun : la même solitude, les mêmes fièvres, le même climat et les mêmes nègres contre lesquels lutter ; de plus, il avait été en Angleterre et il aimait cela ; il fumait la pipe ; il lava. Aussi, comme il nous l'a confié en secret au petit matin, il avait des doutes quant à la divinité du Kaiser, et n'était pas tout à fait convaincu que Richard Strauss avait composé la musique des sphères.

C'était un mauvais Hun (ce qui expliquait probablement sa présence à l'extrémité la plus chaude des domaines du Très-Haut), mais un bon garçon.

Quoi qu'il en soit, nous l'aimions bien, Frobisher et moi ; il aimait ses rires grossiers, ses chansons à boire et ses anecdotes pleines de sang et, lors de ses fréquentes visites, il chassait notre ennui, faisait semblant d'être dans les termes les plus affectueux et riait même aux éclats des histoires drôles des uns et des autres. . Là-haut à M'Vini, il y a très très longtemps, la lueur des pyjamas parmi les nèfles, et "'Ere gomes ze Sherman invasion!" retentissant dans la brousse, est devenu un signal de bonne volonté générale.

Au fil du temps, Otto rentra chez lui en congé et, peu de temps après, le monde explosa.

Et maintenant, je l'ai rencontré à nouveau, un Otto détrempé, boueux, ensanglanté, rétréci et attristé, boitant à travers une tempête de neige sous la garde d'un caporal canadien. Il était le survivant d'une arrière-garde, expliqua le Canuck, et s'était « mis au rebut comme un sac de chats sauvages » jusqu'à ce qu'il soit assommé par la crosse d'un fusil. Quant à Otto lui-même, il n'avait pas grand-chose à dire ; il avait l'air vieux, froid, malade et infiniment dégoûté. Il avait toujours été un pauvre Hun.

Une seule fois, il a montré une lueur de son ancienne forme de ces vieilles journées chaudes et joyeuses en pyjama sur l'équateur.

Une bande de prisonniers – Jägers, Grenadiers, Uhlans, etc. – arrivait péniblement sur la route, un troupeau de coupe-gorges non tondus et échevelés, propulsés par une paire de minuscules kilties, qui s'arrêtaient de temps en temps pour leur offrir des bribes d'aventures et des huées. triomphalement.

Otto regarda ses compatriotes tombés au combat avec des yeux dégoûtés et ternes, puis se tourna vers moi avec un fantôme de son vieux sourire : « 'Ere gomes ze Sherman invasion », dit-il.

III

LE BAIN D'AE ET LES AVANTAGES DE BROCK

Je n'ai jamais vu un peloton de kiltie patauger dans la bouillie froide de neige et de neige fondante dont notre front était autrefois composé, mais j'ai dit, avec mon ami français : « *Mon Dieu les courants d'air !* » et j'ai remercié le destin de m'avoir appartiennent à une race qui réserve son costume national aux bals costumés.

C'est très bien pour MacAlpine de Ben Lomond, qui a traqué son haggis et l'a dévoré cru, qui se couche de préférence sur les chardons et fait pousser sa propre fourrure ; mais c'est très dur pour Smith de Peckham, qui, sans que ce soit de sa faute, se retrouve dans un régiment des Highlands, essayant de faire en sorte que les pans de sa chemise fassent la même chose que son pantalon auparavant. Mais le véritable mélange de bruyère écossais doublement distillé est un oiseau robuste avec des idées différentes de *nous autres* sur ce qui est froid : aussi sur ce qui est chaud. Soyez témoin de l'expérience éprouvante de notre Albert Edward.

Notre Albert Edward et une grenade à fusil Hun sont arrivés au même endroit au même moment, se sont mêlés et sont descendus à la Base pour être tamisés. Au fil du temps arriva un télégramme de notre Albert Edward, disant qu'il avait retiré la grenade de son système et qu'il se trouvait à ce moment-là à la gare ferroviaire ; allions-nous lui envoyer un cheval ou non ?

Emma a été désignée pour ce travail, ce qui était une erreur, car Emma n'était pas la monture d'un homme qui s'était ramolli pendant cinq mois à l'hôpital. Elle n'avait que deux vitesses dans son répertoire de rimg-cap, un pas qui vous balançait de haut en bas de son dos depuis ses oreilles jusqu'à sa croupe, et un trot qui vous détachait les dents et faisait trembler les boutons de votre tunique. Cependant, elle s'est rendue à la gare ferroviaire et Albert Edward l'a montée, a mis l'embrayage en première vitesse et a parcouru les dix milles jusqu'à notre camp, arrivant étouffé par la neige et si raide que nous avons dû le soulever, si brutalement que c'était une moquerie. pour lui offrir une chaise, et il dut donc retirer son thé sur la cheminée.

Nous avons conseillé une visite à Sandy. Sandy était la marchande de bains chauds. Il se cachait dans une grange sombre à l'extrémité du village et pouvait y être trouvé à toute heure du jour, ruminant sur les chaudrons noirs dans lesquels les bains étaient préparés, son Tam-o'shanter penché sur un œil, la vapeur se condensant. sur son nez bleu. Théoriquement, les bains chauds étaient gratuits, mais en pratique, un franc enfoncé dans la patte avant de Sandy s'est avéré avoir un fort effet calorifique sur l'eau.

Ainsi descendit le village à quatre pattes, gémissant comme un brick hollandais dans une mer croisée, notre Albert Edward s'en alla. Il rampa dans la grange sombre et, n'ayant pas de petite monnaie, apporta un billet de deux francs à la patte avant et parla à Sandy de sa terrible raideur. Son éloquence et son double honoraire ont brisé le cœur de Sandy. Les larmes aux yeux, il assura à Albert Edward que les plus grandes ressources de son expérience et de son établissement devraient être mobilisées en son nom (d'Albert Edward), et l'introduisit tendrement dans cette chambre cachée, construite de paravents de renvoi, qui était réservée aux officiers. Albert Edward ôta délicatement ses vêtements et Sandy retourna à ses chaudrons.

Le pelage terminé, Albert Edward s'assit dans les courants d'air de la chambre intérieure et attendit le bain. La chambre extérieure était remplie de fumée, et les flammes sautaient à six pieds au-dessus des chaudrons ; mais chaque fois qu'Albert Edward criait pour son bain, Sandy implorait une minute de grâce supplémentaire.

Finalement, Albert Edward ne supporta plus les courants d'air et ordonna à Sandy, sous peine de cour martiale et de mort, d'apporter de l'eau, chaude ou non.

Sur quoi, à contrecœur, Sandy apporta ses seaux et, se plaignant que ni son expérience ni son établissement n'avaient eu une chance équitable, les vida dans la baignoire. Albert Edward entra sans autre remarque et s'assit.

Le reste de l'histoire m'a été raconté par mon palefrenier et compatriote, qui, avec une centaine d'autres personnes, fréquentait à ce moment-là les baignoires de la chambre extérieure. Il m'a raconté que tout à coup, ils ont entendu "un hurlement comme celui d'un homme qui est après avoir été un chien enragé", et par-dessus l'écran de la chambre intérieure est apparu notre Albert Edward dans sa robe d'anniversaire. « Il l'a pris en toute sérénité, Sor, et a fait trois tours autour des bains publics en maudissant la façon dont il flétrirait le Divil », a déclaré mon palefrenier et compatriote ; "Puis il a couru hors de la porte dans la neige et s'est allongé dedans." Il m'a également dit que la performance d'Albert Edward avait provoqué une profonde sensation parmi les autres baigneurs, et ils ont demandé à Sandy quelle en était la cause ; mais Sandy secouait son Tam-o'shanter et ne pouvait pas le leur dire ; n'en avais pas la moindre idée. L'eau qu'il avait donnée à Albert Edward était à peine brûlante, dit-il ; à peine brûlant, avec à peine un paquet de moutarde dissous dedans.

Notre Albert Edward prend toujours ses repas sur la cheminée.

* * * * * * * *

J'ai rencontré hier mon ami, le commandant de batterie français. Il faisait galoper une jument alezane voyante sur le gazon, fredonnant un air à haute voix. Il avait l'air en très bonne forme et très amoureux du monde. Je lui ai demandé ce qu'il voulait dire par là. Il a répondu qu'il ne pouvait pas s'en empêcher ; tout le monde s'unissait pour le rendre heureux ; son commandant était tombé dans une fosse à canon et s'était cassé une jambe ; il avait gagné deux cents francs à son ennemi favori ; il avait découvert un joyau de cuisinier ; et puis il y avait toujours le Boche, le petit Boche parfaitement inestimable, absolument ridicule, hurlant de drôlerie. Le Boche, bien exploité, était une véritable source de joie. Il redoutait la fin de la guerre, m'a-t-il assuré, car un monde sans Boches serait une salade sans vinaigrette.

Je lui ai demandé comment l'archi-humoriste s'était surpassé ces derniers temps.

Le Capitaine a fait passer son alezan le long de ma baie, a ri et m'a tout raconté. Il semblerait qu'une nuit pluvieuse, l'infanterie l'ait appelé pour lui dire que le Hun voisin préparait une drôle d'affaire, et qu'il se tiendrait prêt pour un barrage, s'il vous plaît ?

Quel genre de drôle d'affaire les Huns faisaient-ils ?

Oh, une fusée était passée au-dessus du chemin et ils pensaient que c'était le signal d'une horreur quelconque.

Il resta là une demi-heure, puis, comme rien ne se passait, il rentra. Dix minutes plus tard, l'infanterie rappela. Des affaires plus amusantes ; trois roquettes étaient lancées.

Il resta là pendant une heure sans résultat, puis chercha de nouveau sa couchette, maudissant tous les hommes. Confondez l'infanterie qui saute par-dessus une fusée ou deux ! Confondez-les deux fois ! Puis une étincelle d'inspiration brillait en lui, brillait et flamboyait vivement. Si ses poilus exaltés prenaient le dessus sur une poignée de fusées, combien plus encore le Boche dépérissant ?

En gargouillant joyeusement, il repoussa les rats de sa poitrine et les scarabées de son visage, se retourna et s'endormit. Le lendemain matin, il écrivit une lettre à sa « marraine » à Paris (« *une petite femme, très intelligente, vous savez* »), et dix jours plus tard ses colis arrivaient en trombe. Le premier soir (un lundi), il donna un modeste affichage, des fusées rouges et blanches éclatant en étoiles vertes toutes les cinq minutes. Mardi soir, encore des fusées, avec quelques roues Catherine ajoutées. Mercredi soir, roues Catherine et pluie dorée, et ainsi de suite jusqu'à la fin de la semaine, où ils ont terminé avec une grande attraction spéciale et un programme all-star, des pétards. , roues de Catherine, bougies romaines, plumes du prince de Galles, se terminant par un barrage aveuglant et pétillant de fusées colorées, et "Que Dieu bénisse notre maison" en étoiles dorées.

« Tout cela est très joli, dis-je, mais quels ont été les résultats ?

"C'est exactement ce à quoi je m'attendais. Un déserteur est arrivé hier, il avait vécu tout cela et n'avait pas l'intention de recommencer. Ils avaient bien remonté le vent, dit-il, et n'avaient pas dormi depuis une semaine. Ses officiers s'étaient grattés le crâne chauve en essayant de deviner de quoi il s'agissait. Tous les grades se tenaient continuellement, jusqu'à la taille dans la boue, gelés et à moitié noyés, tandis que mes braves petits coquins de *poilus*, remarquez-vous, dormaient dans leur des pirogues, et le seul homme de service était le garçon qui tirait le feu d'artifice. Ô mon ami, il y a bien des plaisirs innocents à tirer du Boche si seulement tu lui donnes une chance !

IV

LE DÉSORDRE SANS DÉSORDRE

Notre mess était situé sur la crête d'une crête et jouissait d'une vue imprenable sur des lieues de boue ondulantes ; elle avait l'apparence d'une caisse d'emballage flottant sur un océan de limon.

Nous et nos serviteurs, nos rats, nos cafards et nos autres compagnons de sein dormions dans des tentes dressées tout autour du désordre.

L'ensemble du camp était relié au monde extérieur par un chemin de caisses à munitions, disposé en pierres de gué ; nous allions et venions, sautant de case en case comme sautent les chamois d'alpe en alpage. Si vous manquiez votre saut, il y aurait un tourbillon de boue, un bruit de déglutition, et c'en serait fini pour vous ; vos camarades en deuil ont versé un peu de chlorure de chaux à l'endroit où vous avez été vu pour la dernière fois, vous ont affiché comme « présumé disparu » et ont marqué un autre sous-lieutenant (ou feld-maréchal, selon le cas).

Notre mess était constitué de caisses d'obus empilées de manière lâche et couvertes d'un couvercle en tôle. Nous avons volé les ingrédients boîte par boîte et construit la maison de nos propres mains, nous l'avons donc aimée d'un amour parental ; mais cela avait ses petits inconvénients. Chaque fois que les canons de campagne de notre quartier faisaient quelque chose, le couvercle en fer blanc claquait follement et les caisses d'obus se bousculaient partout. Il était tout à fait possible de quitter notre mess à l'aube, d'un style sévèrement gothique, et d'y revenir à la veille de la rosée pour le trouver d'un style rococo impertinent.

William, notre officier des transports et président du mess, faisait constamment appel à tout le monde sur le pont à des heures inconvenantes pour sauver la maison et la remettre en état ; nous étions des chefs de famille au sens le plus plein du terme.

Avant la guerre, nous assure William, c'était un jeune homme brillant, plein de plaisanteries joyeuses et de plaisanteries pratiques, la vie et l'âme de tout parti, mais qu'en est-il des contorsions du désordre et des caprices des mules de transport qu'il était devenu ? un homme attristé.

Entre eux – les mules et le désordre – il n'a jamais passé une nuit entière au lit ; soit les mules faisaient de mauvais rêves, somnambulaient dans des lignes étranges et se faisaient détester, soit les canons de campagne étaient au travail et le mess faisait les sauts. Si Hans, le Hun, n'avait pas été le parfait petit gentleman qu'il est et avait largué un obus n'importe où près de nous (au lieu de pulvériser assidûment une crête lointaine où personne n'a jamais été, n'est ou ne sera), notre problème aurait été avec Tyr. et Sidon; mais Hans ne s'oublia jamais un instant ; c'était de notre côté dont nous nous méfiions. Les Heavies, par exemple. Les Heavies se sont laborieusement positionnés derrière notre colline, se sont déguisés en groseilliers et ont donné l'impression d'une catastrophe à 2 heures du matin un matin enneigé.

Notre désordre a immédiatement éclaté avec la danse de Saint-Guy, et William a fait entendre la voix de tout le monde sur le pont.

Le capitaine, pittoresquement vêtu de bottes (gomme, hautes) et d'une peau de chèvre, se jeta sur l'aile est et devint un contrefort animé. Albert Edward grimpa et s'assit sur le couvercle en fer blanc, qui s'ouvrait et se fermait par tous les pores. Mactavish a appuyé son épaule contre le mur sud pour l'empêcher de contourner le mur vers le nord. Je m'accrochais au garde-manger qui s'éloignait de sa tige mère, tandis que William courait partout, donnant des conseils et tombant. Le désordre traversa rapidement tous les styles d'architecture, depuis une pagode chinoise jusqu'au châlet suisse, et était sur le point de se confondre avec un château espagnol lorsque les Heavies éteignirent leur haine et se couchèrent. Et pas une seconde trop tôt. Un instant de plus, j'aurais dû laisser tomber le garde-manger, Albert Edward aurait eu le mal de mer et le capitaine aurait laissé l'aile est se diriger vers l'ouest.

Nous avons remis le désordre en ordre et sommes entrés à l'intérieur pour prendre quelque chose et consulter. Le lendemain soir, William appela le commandant des Heavies et l'invita à dîner. Nous l'avons régalé de wassail et de gramophone et lui avons expliqué la situation. Le Seigneur des Lourds, un charmant garçon, faillit fondre en larmes en apprenant le mal qu'il nous avait fait sans le savoir, et fut ramené chez lui par William à 1h30 du matin, jurant de retirer ses machines infernales, ou de les transformer en socs de charrue, le le jour suivant. La nuit suivante, notre mess, sans aucun avertissement préalable, perdit l'équilibre, s'assit avec fracas et gisait jonché sur environ un quart d'acre de terrain. Nous sommes tous sortis et avons lamentablement examiné les ruines. Qu'est-ce qui avait fait ça ? Nous ne pouvions pas deviner. Les canons de campagne étaient partis, les Heavies étaient partis ailleurs. Hans, le Hun, n'aurait-il pas pu se tromper et nous bombarder ? Jamais! C'était un mystère ; alors nous avons tous élevé la voix et pleuré pour William. Il était président du mess; c'était de sa faute, bien sûr.

A ce moment, William sortit de la nuit, poussant sa tente devant lui en la frappant avec un maillet.

Selon William, il y avait un certain « Sunny Jim », une mule de transport morbide, à l'intérieur de la tente, qui fournissait la force motrice. "Sunny Jim" avait toujours été un somnambule, et cette fois il avait somnambulé à travers notre désordre et jusqu'à la tente de William, où le maillet l'avait réveillé. Il faisait alors de son mieux pour rentrer chez lui jusqu'aux lignes, accéléré par William et le maillet.

Alors maintenant, nous sommes sans gâchis ; maintenant nous nous accroupissons en frissonnant sous des tentes et parlons avec amour du bon vieux temps sous notre bon vieil arbre au toit de tôle, de la vue magnifique sur la boue que nous avions l'habitude d'avoir de notre fenêtre et de la mélodie chaleureuse que nos boîtes à obus jouaient comme ils se bousculèrent par une nuit d'orage.

Et parfois, alors que nous nous accroupissons en frissonnant dans nos tentes, nous entendons un bruit étrange venant des lignes en montée. Ce sont les mulets qui rient.

<h1 style="text-align:center">V</h1>

LE CLIMAT AU FRONT

S'il y a un homme en France que je n'envie pas c'est bien le GHQ Weather Prophet. Je peux imaginer le malheureux sorcier assis dans son bureau, regardant dans un cristal, *l'Almanach du vieux Moore* dans une main, un morceau d'algue dans l'autre, essayant de deviner quels tours le temps nous réserve ensuite.

Car il n'y a rien que ce climat ne puisse faire. En tant qu'artiste en évolution rapide, il est *sanspareil* (français) et *nulli secundus* (latin).

Et maintenant, il semble avoir complètement égaré le printemps. L'été est arrivé d'un pas. Hier, les voitures d'état-major vous ont étouffé de boue en passant en tournoyant ; aujourd'hui, on l'étouffe avec la poussière. Hier, les autorités ont émis des précautions contre les engelures ; aujourd'hui, ils édictent des précautions contre les insolations. Néanmoins, nous ne nous plaignons pas. Il faudra beaucoup de soleil pour nous tuer ; nous l'aimons et cela ne nous dérange pas de le dire.

Le BEF en a jeté ses mitaines, ses justaucorps et son huile de baleine, est sorti de ses terriers souterrains à l'air libre, et dans chaque bois une ville champignon de bivouacs a surgi du jour au lendemain. Çà et là, des jardiniers amateurs ont planté des parterres de fleurs devant leurs tentes ; un de mes caporaux soigne des radis dans une caisse de munitions et parle d'heure en heure des perspectives de récolte. Mon sergent de troupe a trouvé deux plants de palmiers dans les ruines d'une serre de château et les fait désormais monter en sentinelle à l'entrée de son bivouac. Il s'assoit entre eux après les cours du soir, fumant sa pipe et se croyant de retour à Zanzibar ; il attend les noix de cokéfaction vers le mois d'août, me dit-il.

L'été est arrivé et sur chaque pente paissent des troupeaux de chevaux de chasse et de mulets de transport usés par l'hiver. L'herbe nouvelle est montée à la tête de ces derniers et ils font continuellement des démonstrations d'eux-mêmes, gambadant comme des agneaux disgracieux et poussant des rires impies. L'été est arrivé, et mon palefrenier et compatriote a recommencé à siffler, signe certain que l'hiver est terminé, car ce n'est que pendant l'été qu'il se réconcilie avec la guerre. La guerre, admet-il, sert très bien de diversion gentleman pendant les mois d'inactivité, mais dès la première feuille jaune, il s'inquiète et laisse entendre indirectement que nous et les chevaux serions bien mieux employés à la tâche vraiment sérieuse de montrer au petit les renards font du sport dans notre propre île verte. "Ce Paddy", dit-il en frappant la baie avec un brin de foin, "il aimerait être de retour dans le comté de Kildare, il le fait, ma chère le sait. Pegeen aussi, si elle entendait les cris du chien. sur elle depuis les chenils au-delà de Jigginstown, elle tomberait morte avec le plaisir qui l'habitait, et c'est le vrai mot, " dit-il en présentant à la dame alezan un biscuit militaire crasseux. "Och musha, les pauvres créatures stupides", dit-il en soupirant.

Cependant, Summer est arrivé, et au son de son sifflet joyeux dans les premières écuries strident « Flannigan's Wedding », je comprends que les chevaux s'installent à nouveau et que nous pouvons continuer la bataille.

Si mon palefrenier et compatriote n'est pas partisan de la guerre comme sport d'hiver, notre M. Mactavish, en revanche, est d'un avis tout à fait opposé. « Guerre », me murmurait-il rêveusement hier alors que nous étions allongés sur le dos sous un grand parasol de fleurs de pommier et regardions nos chevaux de troupe se faire des cochons dans le jeune trèfle - « guerre ! ne me prononce pas ce mot. " Maidenhead, Canader, des coussins, des cigarettes, la seule fille au monde à faire tout le gros travail de pagaie - c'est le jeu du bon vieux été. Revenez vers octobre et je m'occuperai de votre vieille guerre. " Il est heureux que ces messieurs n'occupent pas de postes plus élevés que ceux de simple soldat et de sous-lieutenant, sinon, à eux deux, ils arrêteraient complètement la guerre et nous serions tous au chômage.

VI

LE PADRE

Vous l'avez tous vu dans la dernière liste de VC : « Le révérend Paul Grayne, aumônier des Forces, pour sa bravoure remarquable et son exemple courageux face à des circonstances désespérées. »

Vous l'avez tous imaginé, le beau idéal du chrétien musclé, le pasteur combattant, haut de dix-huit mains, formidable en termes de vent et de membres, avec une crinière dorée et un profil grec ; un Pékinois au salon, un bouledogue dans l'arène ; un soupçon de Saint François avec un soupçon de John L. Sullivan – et tout ça.

Mais nous qui avons rencontré des héros savons qu'ils sont très rarement du type qui atteint l'immortalité de la carte postale illustrée.

Le fidèle aux dents nacrées, aux yeux lilas et aux cils bouclés est C3 chez Lloyd's (Sir Francis), et peut être entendu deux fois par jour au Frivolity chanter « My Goo-goo Girl from Honolulu » aux clapets en transe ; tandis que le garçon qui appuie Fritzie D. Hun sur les cordes, pour gagner du temps, est généralement doté de pattes arquées, de taches de rousseur, d'une trompe bosselée et d'une coiffure à la manière d'un terrier à poil dur.

Le révérend Paul Grayne, vc, autrefois vicaire de Thorpington Parva, dans le comté de Hampshire, ne faisait pas exception à cette règle. Esthétiquement, il représentait une tache dans le paysage ; parmi tous les héros que j'ai rencontrés, je n'ai jamais rien vu de moins héroïquement façonné.

Il mesurait environ cinq pieds rien et inclinait la poutre à sept pierres rien. Il avait un visage doux et sans menton, et son long nez en forme de bec, ses grandes lunettes rondes et son habitude de pencher la tête de côté lorsqu'il conversait, lui donnaient l'apparence d'un petit oiseau intelligent.

Je me souviens très bien de l'occasion de notre première rencontre. J'étais dans mes lignes de troupes un après-midi, en train de surveiller un maréchal-ferrant, lorsqu'un bruit fort retentit sur la route et qu'un épi noir, portant un Padre faiblement protestataire sur son gros dos, traversa la porte au trot, se dirigea vers les lignes et commença à échanger. ce que tu fais avec mes poilus. Le petit Padre pencha la tête d'un côté et suintait des excuses par tous les pores.

Il n'avait pas eu l'intention de s'immiscer, gazouilla-t-il ; Peter l'avait amené; c'était la faute de Peter ; Peter était très excentrique.

Peter, j'en ai compris, était le gros épi qui, à ce moment-là, s'était cogné contre les lignes et déchirait un filet à foin comme s'il n'avait pas mangé depuis des années.

Son prétendu maître me regardait désespéré, impuissant. Que devait-il faire ? "Eh bien, puisque Peter s'arrête évidemment pour prendre le thé avec mes chevaux," dis-je, "la seule chose que vous puissiez faire est de venir prendre le thé avec nous." Je l'ai donc descendu et je l'ai emmené à l'étable habitée par notre mess à l'époque et je l'ai régalé de Mazawattee chloré, de marmelade et de biscuit pour chien. Une heure plus tard, Peter le voulant, il nous quitta.

Nous avons beaucoup vu le Padre après cela. Peter, semble-t-il, s'était pris d'affection pour nous et l'emmenait fréquemment aux repas. Le Padre n'avait pas son mot à dire sur cette question. Il avoua que, lorsqu'il s'embarqua le matin sur Peter, il n'avait pas la moindre idée de l'endroit où le trouverait midi. Seule la règle heureuse de l'épi noir, qui consistait à rentrer chez lui pour souper, a sauvé le Padre d'être affecté comme déserteur.

Il avait le pressentiment inquiet qu'un jour Peter aurait soudain le dégoût de la guerre et qu'il se retrouverait à Paris ou sur la Côte d'Azur. Nous avions le sentiment inquiet qu'un jour Peter développerait une curiosité pour les rations des chevaux boches et traverserait la ligne à pied, et que nous perdrions le Padre, chose que nous ne pouvions pas nous permettre de faire, car à ce moment-là, il nous avait emmenés. sous son aile spirituellement et physiquement. Le dimanche, il apparaissait parmi nous, traînant un harmonium pliant et organisait la parade de l'église, dirigeant les hymnes de sa voix d'oiseau gazouillant.

Ensuite, les dames célibataires de son ancienne paroisse de Thorpington Parva lui ont donné une voiture Ford, avec laquelle il a parcouru les zones à la recherche de provisions et a fait entrer et sortir son buggy en fer blanc dans des colonnes d'infanterie poussiéreuse et des avant-trains de munitions claquants, les lunettes luisantes, la casquette légèrement de travers. , tandis que son batman (un wag) se perchait de manière précaire au sommet d'un tas basculant de boîtes de biscuits, d'étuis à cigarettes et de boîtes de fruits en conserve, et criait à la manière des porteurs de chemin de fer : « Avec votre permission ! Des clopes pour la ligne de tir. le Woodbine-Express."

Mais si nous avons beaucoup vu le Padre, ce sont les Antrim qui le considéraient comme leur propriété spéciale. C'étaient des fantassins de ligne, du genre de ceux qui font l'essentiel du travail et dont la presse ne fait aucune mention, une foule endurcie et non régénérée, qui ne se soucie pas du tout de savoir si la Belgique saigne ou non, mais qui adore se battre pour elle-même et met ses forces à rude épreuve. foi dans la baïonnette et la crosse. Et partout où allaient ces Antrims, y allaient également le Padre, l'harmonium et ses Woodbines. J'ai une histoire selon laquelle, alors qu'ils se trouvaient dans une certaine partie de la ligne où les tranchées n'étaient qu'à trente mètres les unes des autres (si proches en effet que les forces adverses se saluaient par leurs prénoms et s'empruntaient mutuellement leurs outils de câblage), le Padre traîna l'harmonium sur la ligne de front et y tint le service, et les Allemands de l'autre côté se joignirent vigoureusement aux hymnes. Il maintenait les hommes des Antrims en quête de délices de cantine et leurs officiers dans une bulle de joie constante. Il avalait leurs histoires sans une gorgée ; ils tirèrent une jambe et il offrit l'autre ; il tomba tête baissée dans tous les pièges idiots qu'on lui tendait. Ils ont également obtenu du mérite dans d'autres désordres en colportant des histoires sur sa merveilleuse innocence et son incroyable distraction.

"Le Dicky Bird est venu me voir hier", racontait l'un d'eux ; "Je voulais des conseils sur son gros imposteur, Peter. "Il a une écorchure sur le bouton de sa patte avant droite", dit-il. "Dicky Bird", dis-je, "ce n'est pas une façon de décrire l'anatomie de un cheval après tout l'enseignement que je vous ai donné. « Je suis tellement oublieux et les termes chevalins sont si déroutants », gémit-il. « Oh, je me souviens maintenant : de sa cheville tribord ! La chère petite!"

Au fil du temps, les Antrims se rendirent dans le Push, mais à cette occasion ils refusèrent d'emmener le Padre avec eux, expliquant que les Push étaient des affaires bruyantes, avec des accidents désordonnés se produisant même dans les bataillons les mieux réglementés.

Le Padre se levait à minuit pour les voir partir, ses lunettes embrumées. Ils passèrent les sacs à l'aube, atteignirent leur objectif en vingt minutes et s'y grattèrent. Le Padre les rejoignit dix minutes plus tard, très essoufflé, mais emportant avec lui une caisse de Woodbines.

Mon ami Patrick l'a attrapé par la jambe et l'a traîné dans un trou d'obus. Rien qu'un respect inhérent pour son vêtement a empêché Patrick de donner à Dicky Bird la fessée de sa vie. À 8 heures du matin, les Huns ont contré lourdement et ont chassé les Antrims. Patrick se retira en bon ordre, menant le Padre par une oreille. Les Antrim s'asseyaient, léchaient leurs coupures, soufflaient quelques Woodbines, puis retournaient et fourchaient le Boche dans ses endroits sensibles. Les Boche rassemblèrent de nouveaux secours et se relevèrent. Les affaires se poursuivirent toute la journée et, à la tombée de la nuit, les Antrim restèrent maîtres de la position.

À 1 heure du matin, ils furent relevés par les Rutland Rifles, et un reste du bataillon, épuisé par les chiens, rampa vers le camp dans une route encaissée à un mile à l'arrière. Un ou deux trouvèrent des bivouacs laissés par les Rutlands, mais la majorité restèrent là où ils s'arrêtèrent. Mon ami Patrick a trouvé un bivouac, s'y est faufilé et s'est endormi. La prochaine chose dont il se souvient, c'est que le toit de sa demeure s'est effondré sous le poids de deux hommes luttant violemment. Patrick s'extirpa tant bien que mal et roula dans l'aube grise pour trouver la route engloutie remplie de silhouettes grises, parmi les bivouacs et les trous d'obus, poignardant les Antrim endormis. Ici et là, les hommes étaient enfermés les uns dans les autres, luttant becs et griffes ; l'air était vibrant d'un horrible pandémonium de grognements et de cris ; la route en contrebas coulait comme un caniveau d'abattoir. Il n'y avait qu'une chose à faire, c'était de sortir, alors Patrick le fit, conduisant devant lui tous les hommes qu'il pouvait rassembler.

Un homme passa devant lui en titubant, soufflant comme un morse. C'était le batman du Padre, et il tenait son maître sous un bras, en sous-vêtements, donnant de faibles coups de pied.

Patrick arrêta ses hommes au-delà de la crête de la colline, et là le colonel le rejoignit, trottant sur ses pieds chaussés. D'autres officiers arrivèrent, des bergers. "Ils ont dû se précipiter sur les Ruts., Monsieur", haletait Patrick ; "Ça doit être après ces armes juste derrière nous." "Ils les auront aussi", dit sombrement le colonel. "Nous ne pouvons pas les arrêter", a déclaré le capitaine principal. « Si nous ripostons immédiatement, nous pourrions donner aux Loamshires le temps d'arriver – ils nous soutiennent, monsieur – mais… mais, s'ils nous attaquent, ils récupéreront leurs armes et nous fonceront dessus.

Le colonel hocha la tête. « Mec, je sais, je sais ; mais regardez-les » – il montra le reste pathétique de son bataillon étendu derrière la crête – « ils s'endorment sur place – ils sont battus jusqu'au bout – pas un autre coup de pied leur a été laissé.

Il s'assit et enfouit son visage dans ses mains. Le redoutable Antrims était arrivé à bout.

Soudain, le capitaine principal a crié : « Bon Dieu, que cherche ce type ? Qui diable est-ce ?

Ils se tournèrent tous et virent une petite silhouette, vêtue uniquement de sous-vêtements, marchant délibérément par-dessus la crête en direction des Allemands.

"Qui est-ce?" répéta le colonel. "Je vous demande pardon, révérend, monsieur", dit le batman du Padre en passant devant le groupe d'officiers. "'Donnez-moi le bordereau, Monsieur. Dieu sait ce qu'il fait maintenant." Il éleva la voix et gémit après son maître : "'Eh bien, vous revenez cette minute, Monsieur. Vous vous attirerez encore des ennuis. M'entendez-vous, Monsieur ?" Mais le Padre ne l'entendit apparemment pas, car il progressait d'un pas régulier. Le Batman poussa un sanglot de désespoir et se mit en double.

Le colonel se leva d'un bond. "Hé, arrêtez-le, quelqu'un ! Ces porcs vont lui tirer dessus en une seconde – un meurtre d'enfant !"

Deux subalternes coururent en avant, suivis par trois sous-officiers. Tout au long de la ligne, les hommes relevaient leurs têtes fatiguées du sol et voyaient la petite silhouette sur la crête se profiler sur l'est rouge.

"Oo, c'est un imbécile qui clignote ?"

"Le Père."

"Qu'est-ce qu'il fait ?"

« Dieu sait. »

Un homme s'est mis à genoux, de ses genoux à ses pieds, et a trébuché en avant, en marmonnant : « 'Je m'ai donné un paquet de cigarettes quand j'étais fauché.' "Moi aussi", grogna un autre, et il suivit son copain. "Ils vont lui tirer dessus dans une minute", cria une voix soudain effrayée. "'Eh bien, ce n'est pas la guerre, c'est un foutu meurtre de bébé."

En cinq secondes, toute la file était en place et avançait en un double embardé. « Et un petit enfant les conduira », murmura joyeusement le colonel en avançant sa plus belle chaussette ; un miracle s'était produit, et ses chers voyous descendraient dans la gloire.

Mais alors qu'ils franchissaient la crête de la colline, un sifflement strident retentit de la crête opposée, et un demi-bataillon du Rutlands se dirigeait vers l'ennemi qui avait percé leurs postes. Avec des cris sauvages, les deux groupes se précipitèrent vers le chemin creux.

Quand le tumulte et les cris furent calmés, Patrick partit à la recherche du petit Padre.

Il le découvrit assis sur l'épave de son bivouac de la nuit ; il serrait quelque petit objet sur son sein, et l'expression sur son visage était celle d'un homme qui avait trouvé le désir de son cœur.

Patrick s'assit sur une caisse de bombes et regarda humblement le révérend Paul. C'est une chose terrible pour un homme de découvrir soudainement qu'il a diverti un héros sans le savoir.

"Oh, Dicky Bird, Dicky Bird, pourquoi as-tu fait ça ?" » demanda-t-il doucement.

Le Padre pencha la tête d'un côté et commença à suinter des excuses par tous les pores.

"Oh mon Dieu, tu sais à quel point je suis absurdement distrait; eh bien, je me suis soudainement souvenu que j'avais laissé mes dents derrière."

VII

LE MAÎTRE D'ÉQUITATION

La scène est une école d'instruction à l'arrière du front occidental, située dans une vallée de prairies verdoyantes bordées de rangées de peupliers plumeux et traversées par un ruban d'eau argenté.

Dans la brise paresseuse de l'après-midi retentissent les cris concertés d'une classe de baïonnette, pratiquant l'effroi plus loin dans la vallée ; aussi le bavardage saccadé des canons Lewis perçant des trous dans le flanc de la colline proche.

Au centre d'une prairie se trouve un *manège en gazon* . Au centre du *manège* se tient le méchant de la pièce, le Maître d'Équitation.

Il porte une couronne sur la manche, une culotte serrée, des bottes, des éperons vicieux et des moustaches de sable. Sa main droite joue avec un très long fouet, sa gauche avec ses moustaches de zibeline. Il ressemble à Diavolo, le dompteur de lions, sur le point de faire passer ses copains mangeurs d'hommes dans des cerceaux de feu.

Ses victimes, une douzaine d'officiers d'infanterie, tournent lentement autour du *manège* . Ils sont montés sur des chevaux de cavalerie désillusionnés, sortis avec Wellington et qui connaissent une chose ou deux. De temps en temps, ils font un clin d'œil au maître d'équitation et il leur fait un clin d'œil en retour.

Le public est constitué d'un ancien Gaulois en pantalon bleu pittoresque, dont *le métier* est de chanceler dans les prés en brossant les mouches d'une vache pie ; le Père de l'École, qui se tient à distance pour pouvoir voir le sport sans entendre la langue, et dix petits *gamins* , qui ont barboté dans le ruisseau d'argent et sont maintenant assis en train de sécher sur la rive comme dix petits crapauds.

Ils viennent tous les après-midi, car ils n'ont jamais vu autant de divertissement, jamais depuis les grands jours d'avant-guerre, lorsque le cirque avec le kangourou boxeur et les porcs instruits arrivait en ville.

Soudain, le maître d'équitation s'éclaircit la gorge. Au son, les chevaux dressent les oreilles et leurs cavaliers attrapent des poignées de cuir et de poils.

R.-M. "Maintenant, messieurs, faites attention à ce mot. Éloignez-vous doucement - tra-aa-at." Les chevaux se mettent à courir lentement et les cavaliers à transpirer froidement. Les dix petits gamins applaudissent avec joie.

R.-M. "Asseyez-vous, asseyez-vous, suivez votre dos, gardez les mains baissées, le dos en avant, même pas. Numéro deux, Monsieur, suivez votre dos; ne vous asseyez pas comme si vous aviez trop mangé. Numéro Septièmement, ne vous précipitez pas de cette manière ivre, vous allez complètement manquer la selle en descendant – vous ne pouvez pas vous attendre à ce que le cheval vous rattrape à chaque fois.

"Numéro Trois, ne bats pas tes coudes comme un 'en ; tu n'as pas pondu, n'est-ce pas ?

"'Solvez votre dos, la tête en haut, les anguilles en bas; quatre pieds du nez à la croupe.

"Numéro Un, garde tes pieds en arrière, tu vas arracher les dents de cette jument, tu le feras.

" Descendez de là, Numéro Sept ; ce n'est pas une maison de singe.

"Gardez une sensation légère et uniforme des deux rênes, l'arrière des mains en avant, quatre pieds du nez à la croupe.

"Leggo la queue de cette jument, Numéro Sept; tu pars, tu ne viens pas, et de toute façon, cette jument aime garder sa queue pour elle. Tu l'as bouleversé maintenant, les larmes coulent à flots 'er visage-'ai un peu de ressenti pour une bête stupide à pores.

"'Suivez votre dos, même pas, agrippez-vous avec les genoux, raccourcissez vos rênes, quatre pieds du nez à la croupe. Numéro Huit, retenez-vous, mon garçon, retenez-vous, vous n'êtes pas un combattant de l'ombre, vous savez.

"Toi aussi, Numéro Neuf ; si tu ne calmes pas un peu ton action, tu vas faire éclater quelque chose.

"Maintenant, rappelez-vous, une légère sensation de la rêne droite et une pression de la jambe gauche. Roulez—wa-a-alk ! Ri'—tur-r-rn ! 'Alt—'pare to s'mount—s'mount ! Descendez, dis-je, numéro cinq ; ça veut dire descends. Non, ne descends pas sur le dos, mon garçon, ça n'a pas l'air sympa de te rappeler que tu es un horfficer et d'être plus digne.

"Maintenant, écoute-moi pendant que j'énumère les parties d'un nordique dans un langage si simple que n'importe quel imbécile en pleine floraison peut comprendre. Cela vous sera utile, car si jamais vous avez un nordique à gérer et qu'il en perd un, c'est pièces que vous saurez comment mettre en retrait pour une nouvelle.

"Le 'cheval' a deux extrémités, un avant-extrémité - ainsi appelé à cause de sa tendance à aller en premier, et un 'ind-end ou rang arrière. Le 'cheval est pourvu de deux pattes à chaque extrémité, qui peuvent être facilement distinguées , les pattes antérieures étant droites et les pattes arrière sont pliées.

"Comme le cheval fait soixante-quinze pour cent de son sale boulot avec ses pattes intérieures, il est conseillé de se tenir à l'écart d'eux, de les enlever ou d'y attacher des gants de boxe. Les jambes du Le cheval est très délicat et susceptible de croquer, alors n'essayez pas de couper les boutons disgracieux qui pourraient apparaître dessus avec une hache à main - un peu de cela est connu pour aigrir un nordique pour de bon.

"Ensuite, nous arrivons à la tête. Du côté sud de la tête, nous découvrons la bouche. La bouche du cheval a été construite pour hacher ses victuailles, ainsi que pour permettre à son cavalier de continuer. Comme le fait le cheval. les quarante-cinq pour cent restants sont du sale boulot avec sa bouche, il est conseillé de s'en tenir à l'écart également. En fait, avec sa bouche à une extrémité et ses jambes à l'autre, le reste. Le milieu du cheval est à peu près le seul endroit sûr, *et c'est pourquoi nous y plaçons la selle* . Tout dans l'Harmy est fait avec raison, messieurs.

« Et maintenant, numéro dix, dis-moi de quelle couleur tu montes ?

"Un alezan ? Non, ce n'est pas un alezan et il ne l'a jamais été, non, ni un rouan framboise non plus ; c'est un bai. Combien de fois dois-je vous dire qu'un cheval alezan est de la couleur de la bière blonde, un un cheval brun de la couleur de la bière pression et un cheval noir de la couleur de la stout.

« Et maintenant, messieurs, à vos chevaux, parez-vous à monter… montez !

" Et voilà, Numéro Sept, d'un côté et de l'autre. Essayez de vous arrêter en selle une minute ne serait-ce que pour la vue. Vous vous ferez mal un de ces jours en vous précipitant partout sur le cheval comme ça ; et si tu te cassais le cou, qui aurait des ennuis, pas toi ? — Ayez un peu de considération pour les autres, s'il vous plaît.

"Maintenant, faites attention au mot. Chevauchez-ri'-tur-r-rn. Marchez en marche. Tr-aa-at. Les arcs d'aide effleurent légèrement les côtes - *vos* côtes, pas celles du cheval, numéro trois.

"Raccourcissez vos rênes, les anguilles baissées, la tête relevée, suivez votre dos, quatre pieds du nez à la croupe.

" Lâchez le cou de cette jument, Numéro Sept, et essayez de monter en selle pour changer ; ce sera plus confortable pour tout le monde.

"Tu devrais faire des cascades de cow-boy pour les films, numéro six, tu devrais vraiment. Les gens paieraient de l'argent pour te voir monter un norse à l'envers comme ça. Tu as une souche de sang sauvage cosaque en toi, hein ?

« Voilà, maintenant vous êtes tombé et vous êtes tombé. Belle façon de me récompenser pour toute la patience et l'apprentissage que je vous ai donnés !

"Pourquoi es-tu allongé là ? Rêver ? Je suppose que tu vas me dire que tu es blessé maintenant ? La prochaine fois, tu écriras à maman à ce sujet : 'Chère maman,—Une mustang folle' alors que tu m'as foulé au pied, s'il te plaît, envoie-moi une bande d'or, ton enfant bien-aimé, Algy.

« Maintenant, faites attention au mot. Roulez… pouvez–ter ! »

Il fait claquer son fouet ; les chevaux relèvent la tête et se mettent au galop ; les cavaliers deviennent vert pois autour des côtelettes, lâchent les rênes et saisissent les pommeaux de selle.

Le cheval de tête, un alezan élancé, retrouvant enfin la tête libre et en ayant profondément marre de toute cette affaire, s'enfuit brusquement du *manège* et le traverse à travers la prairie, *en route* vers les écuries et le thé. Ses onze compagnons défilent dans son sillage, vidant les selles au fur et à mesure.

Les dix petits gamins dansent en extase sur la berge, agitant leurs chemises et criant " *A Berlin ! A Berlin !* "

L'ancien Gaulois s'appuie contre la vache pie et secoue sa vieille tête. " *C'est la guerre* ", croasse-t-il.

Le maître d'équitation abandonné damne ses yeux et bénit son âme pendant quelques instants ; puis soupire avec résignation, sort une cigarette de sa doublure de casquette, l'allume et se dandine vers le village et son *estaminet favori* .

VIIIe

HYMNE NATIONAL

Ici, le téléphone existe en grande partie comme véhicule pour les *jeux d'esprit* des Brass Lids. C'est une affaire à sens unique, qui ne fonctionne que de l'intérieur vers l'extérieur, car si vous avez un peu de répartie à communiquer aux Effrontés, l'appareil est soit indéfiniment enclenché, soit *Na poo* (comme disent les Français). Si vous êtes un de ces bouledogues et que vous êtes déterminé à faire parler la chose de l'extérieur vers l'intérieur, vous feriez mieux de migrer *chez* Signals, en prenant votre lit, vos couvertures, votre bière, votre tabac et la partie non périmée de la ration de la semaine prochaine, et de camper au le coude du préposé au téléphone. Au bout d'un jour ou deux, le valet comprendra que vous êtes un chien désespéré qui a un besoin urgent de quelque chose, et il se remuera, et peut-être que dans deux ou trois jours, il actionnera une manivelle, tirera un peu. cordes, et annoncez que vous êtes « allumé », et vous vous retrouverez dans une conversation animée avec un inspecteur des cimetières, un expert en confiture de la Base ou le Dalaï Lama. Si vous souhaitez communiquer avec le personnel, vous feriez mieux de le prendre en main propre.

Un de mes amis nommé Patrick a déjà obtenu le poste de capitaine d'état-major adjoint temporaire (non rémunéré), et avant de se lancer dans l'idée d'un aller simple, son téléphone fonctionnait dans les deux sens et lui causait beaucoup de problèmes. Les gens l'appelaient toujours et lui posaient des questions, ce qui, bien sûr, ne jouait pas du tout le jeu. Parfois, il ne se couchait jamais avant 22 heures, répondant aux questions ; souvent, il se levait à 9 heures du matin pour répondre à d'autres questions – et de telles questions !

Un échantillon. Un jour, il appela son ancien bataillon. Un certain Jimmy était alors vice-adjudant adjoint par intérim. "Bonjour, wazzermatter ?" dit Jimmy. "Capitaine d'état-major parlant", dit Patrick sévèrement. "S'il vous plaît, fournissez un rapport de tous les cuisiniers, casques anti-fumée, bombes, mules, packs Yukon, quilleurs en étain, bacs à graisse et Plymouth Brothers que vous avez sur le terrain!"

"Facile, je vous demande pardon, oui, monsieur", dit Jimmy en raccrochant.

Bientôt, le téléphone sonna et Jimmy était de nouveau là.

"Excusez-moi, Monsieur, mais vous vouliez un retour de diverses marchandises que nous avons sur le terrain. Quel champ ?"

"Oh, le champ de Mars, grosse tête !" » Patrick a claqué et a raccroché. Un quart d'heure plus tard, on l'appela de nouveau au téléphone et le bêlement familier de Jimmy lui chatouilla l'oreille. "Excusez-moi, monsieur, de quelle mère ?"

D'un autre côté, le grand Chapeau d'Airain est humain et commet une erreur d'écriture, de temps en temps, suffisante pour exposer son flanc. Et puis l'humble combattant peut prélever sa goutte de sang s'il est rapide. Jimmy, qui souffrait depuis si longtemps, reçut l'occasion offerte par le ciel et il sauta sur l'occasion. Il a reçu un reçu du QG, daté du 07/06/17, qui disait : -

"En référence au 17326 Sdt Hogan, nous notons que sa date de naissance est le 10/7/17. Veuillez le placer dans sa catégorie appropriée."

Ce à quoi Jimmy répondit :

"Comme d'après ce que vous avez montré, le soldat 17326 Hogan ne naîtra pas avant quatre jours, nous sommes placés dans une position difficile.

Signé ----

"PS—Et si, lorsque l'événement intéressant se produirait, le 17326 Sdt. Hogan devait être une fille ?

"PSS… Ou des jumeaux ?"

Notre Albert Edward revient tout juste d'une de ces écoles de fin d'études de l'armée où les connaissances du jeune subalterne sur Shakespeare et l'utilisation des globes font l'objet d'un dernier shampoing avant d'être poussées au sommet. L'académie d'Albert Edward était située dans une petite ville où les écoles sont entretenues par tous nos valeureux alliés ; c'est un centre éducatif. L'école française fait les honneurs du lieu et tient une fanfare docile, qui donne la langue tous les dimanches soir sur la Grand Place. C'est là que se rendent toutes les jeunes filles de la ville pour entendre la musique. Là aussi, réparez tous les jeunes subalternes, également pour entendre la musique.

À la fin de chaque représentation, les hymnes nationaux de tous nos valeureux alliés sont joués, chaque valeureux allié se tenant debout, rigide, au garde-à-vous, en compliment aux autres. Comme nous avons beaucoup d'Alliés courageux ces jours-ci, tous avec de longs cris de guerre nationaux, cela devient quelque peu pénible.

Un matin, le chef d'orchestre français rendit visite au commandant de l'école anglaise.

"Certains Américains sont arrivés", dit-il. "Ils sont naturellement aussi bienvenus que le soleil, mais" (il soupire) "cela signifie encore un hymne national de plus."

Le commandant soupira et dit qu'il le supposait.

"Au fait," dit le *chef d'orchestre* , "c'est quoi l'hymne national américain ?"

"'Yankee Doodle'", répondit le commandant.

L'instructeur en chef a déclaré qu'il avait toujours compris que c'était « Hail, Columbia ».

L'adjudant était d'avis que "La bannière étoilée" remplissait l'addition, tandis que l'intendant votait pour "Mon pays, c'est à toi".

Le *chef d'orchestre* s'est battu la poitrine et a déchiré sa coiffure. « Dieu ! » gémit-il, "Je ne peux pas tous les jouer - *figurez-vous* !"

Sans s'arrêter pour réfléchir, ils convinrent de tout cœur qu'il ne pouvait pas le faire. « Dites-vous quoi, dit enfin le commandant, écrivez à votre marchand de musique à Paris et laissez-le s'en occuper. »

Le *chef d'orchestre* a dit qu'il le ferait et il l'a fait.

Dimanche soir prochain, alors que le concert touchait à sa fin, l'orchestre se jeta dans la *Marseillaise* , et les subalternes de toutes les nations se mirent au garde-à-vous. Ils se sont mis au garde-à-vous à travers « God Save the King », à travers les hymnes nationaux de la Russie, de l'Italie, du Portugal, de la Roumanie, de la Serbie, de la Belgique, du Monténégro et de Monte-Carlo, tous nos valeureux alliés. Puis le *chef d'orchestre* sauta soudainement sur un tabouret et agita au-dessus de sa tête les rayures et les étoiles de notre nouveau brave Allié, tandis que le groupe s'écrasait sur les premières lignes de "Quand le choo-choo de minuit commence pour l'Alabama". Le fait que leurs jeunes subalternes soient restés au garde-à-vous en dit long sur la discipline des armées alliées.

IX

SENS DU CHEVAL

Heure—NUIT

SCÈNE.— *Une plaine criblée d'obus et un régiment de cavalerie sous toile dessus. Les lumières ne sont pas encore éteintes et, sur la droite, les tentes et les bivouacs semi-transparents brillent comme des lanternes chinoises géantes habitées par des ombres. Depuis la tente du mess des officiers, le scintillement d'un gramophone interprète les classiques de "Keep Smiling". Dans un bivouac, un orgue à bouche d'opposition joue au "Rosaire". Sur la gauche se trouve une masse sombre de chevaux, piquetés en lignes parallèles. Ils se prélassent, les hanches tombantes, la tête basse, dans une agréable somnolence après le dîner. Le garde se prélasse contre un poteau, une lanterne à ses pieds, bourdonnant un accompagnement intermittent au son de l'orgue à bouche lointain. "Les heures que j'ai passées avec toi, mon cher cœur, sont... Stan, toujours, Ginger, comme un collier de perles pour moi, ee... Grrr, Nellie, arrête de donner des coups de pied !" La chaîne de collines désolées à l'arrière-plan scintille de coups de feu et grogne sous le feu des tambours — le chant du soir boche.*

Un cheval bai (déplaçant son poids d'une jambe sur l'autre). Quelqu'un l'attrape au cou ce soir.

Une châtaigne . Ouais. Si nous étions en 1914, avec ce vacarme en liberté, nous serions restés fidèles.

Un cheval de bataille . Pourquoi?

Châtaigne . Rassure-toi, fiston. Pourquoi en 1914 nos selles poussaient dans notre dos comme le lierre et le chêne. En 1914———

Un cheval noir . Oh, tais-toi vers 1914, vieux soldat ; parlez-nous de la bataille d'Hastings et de la façon dont vous en êtes arrivé à laisser les tromblons à cheval de William vous foncer dessus.

Un cheval bai . Oui, et comment vous avez donné dix pierres et une raclée au champ de bataille lors de votre retraite à La Corogne. Quels sont vos souvenirs personnels de Napoléon, Rufus ?

Châtaigne . Vous êtes des conscrits clignotants, vous !

Noir . Chih ! pas de gros langage, Rufus, mesdames présentes.

Châtaigne . Mesdames, hein. Comportez-vous de manière gentille et distinguée lorsqu'ils aperçoivent les museaux, n'est-ce pas ?

Une jument asymétrique . Eh bien, nous devons défendre nos droits.

Châtaigne . « C'est vrai, dent et sabot. Qu'étais-tu dans la vie civile, bébé ? Une suffragette ?

Skewbald . Non, je ne l'étais pas, alors voilà.

Baie . Non, elle était l'une des favorites ; portait sa crinière en tresses et une rêne et un sursangle étoilés pour améliorer son fig-u-are ; a fait de jolis tours de salon au son du banjo et du psaltérion. *N'est-ce pas, chérie ?*

Skewbald. Et si je le faisais ? Il y a des dizaines de filles de cirque et des Lydies Puffect. De toute façon, je n'ai pas besoin de votre familiarité, Monsieur.

Baie . Demander pardon. Excusez mes manières militaires de bluff ; mais sors quand même ton nez de mon filet à foin, s'il te plaît.

Un dun canadien . Eh bien ! Arrête de tisser comme ça, Tubby. Tu ne peux pas laisser un gars dormir un peu. Je vais vous donner une rebuffade froide dans les côtes dans une minute. Wazzer compte pour toi, de toute façon ?

Tubby . J'ai fait un mauvais rêve.

Noir . Ne vous étonnez pas de la façon dont vous vous mangez trop.

Baie . Avez-vous déjà connu un cheval d'intendant qui n'en avait pas ? Il est le seul à en avoir la chance.

Skewbald . Et les coursiers des officiers.

Voix d'au-delà . Eh bien, nous en avons besoin, n'est-ce pas ? Nous faisons tout le travail de tête.

Baie . Écoutez même l'honorable Montmorency. Bonjour, Monty là-bas ! Peu importe le travail de tête, mais la prochaine fois que vous serez à la tête d'une troupe, essayez de suivre un cap qui se rapproche quelque peu de la ligne droite. La ligne s'ouvrait et se fermait comme un accordéon ce matin.

Un gris fer . Begob, et c'est la sainte vérité ! Je pensais que mes côtes devenaient de toutes sortes, et moi, mon homme, jurais dans sa barbe comme on l'entendrait à un kilomètre et demi. Vous n'avez pas plus idée d'une ligne droite, Monty Avic, qu'un crabe qui boit.

Monty . Désolé, mais les mouches me donnaient du fil à retordre.

Dun canadien . Mouches? Dites, mais vous, les novices, me faites sourire. Eh bien, dans l'Ouest, nous avons des mouches qui...

Gris fer . Bien sûr, nous avons tout entendu parler de lui. Ils sont aussi gros que des bouledogues ; Chaque fois qu'ils vous mordent, vous perdez un membre. Bien des fois, le voyageur les a observés s'envoler avec un poulain dans la gueule, les rapparés ! C'est tout ce que je remarque, c'est que lorsque l'un des types européens décadents vous chatouille les poils courts, vous marchez très librement et désinvolte, Johnny, acushla.

Un cheval brun . Dis, Monty, mon vieux, des nouvelles ? Vous avez un ami au GHQ, n'est-ce pas ?

Monty . Oh oui, mon jeune frère. Il a maintenant un travail dans l'équipe personnelle de Haig, il porte un bandeau rouge et tout ça... hum ! Bien sûr, il me dit une chose ou deux lors de notre rencontre, mais dans la plus stricte confidentialité, vous comprenez.

Brun . Assez; mais a-t-il parlé de la fin de la guerre ?

Monty . Eh bien, pas précisément, ce n'est pas exactement le cas, sauf qu'il dit qu'il est à peu près certain maintenant que… euh… eh bien, que ça va se terminer.

Brun . C'est une bonne nouvelle. Merci, Monty.

Monty . Pas du tout, vieille chose. N'en parlez pas.

Gris fer . C'est un grand réconfort pour nous de savoir que la guerre éclatera, sinon de nos jours, du moins un jour.

Dun canadien . Tu paries. Bon sang, j'aurais aimé que tout soit fini et que j'étais chez moi dans les contreforts avec la laine brune et les roses roses des prairies sous les pieds, et le Chinook qui posait ma crinière.

Gris fer . Ma foi, mais le comté de Cork me conviendrait tout à fait ; un coffre spacieux avec une litière de paille et un toit étanche.

Tubby . Oui, avec des repas complets régulièrement.

Une jument baie . J'ai un enfant de deux ans dans le Devon que j'aimerais revoir.

Monty . Je n'ai moi-même aucune querelle avec le Leicestershire.

Cheval de pistolet . Garn! Qu'est-ce que ce bon vieux Londres ?

Châtaigne . Calme, Alf, de quoi te plains-tu ? Vous n'avez jamais mangé un repas complet de votre vie jusqu'à ce que Lord Derby vous sorte de cette brouette et vous envoie dans l'armée.

Tubby . Un repas complet dans l'armée : au secours !

Brun . Écoutez notre squelette vivant. Vous souvenez-vous de cet après-midi où il était seul dans un champ d'avoine du côté de Plug Street ? Lorsque les palefreniers l'ont trouvé, il était allongé sur le dos, les jambes en l'air, gonflé comme un chiot empoisonné. "Blimy", dit un garçon à l'autre, "voici une de nos vessies d'observation, le 'Un', qui a été abattue."

Châtaigne . J'ai entendu le jeune officier dire au sergent de troupe qu'il achèterait une botte de foin un jour et essaierait de te faire éclater, Tubby. Le sergent lui a parié un mois de salaire que ce n'était pas possible.

Tubby . Juste parce que j'ai un bon appétit——

Brun . Les appétits sains ne sont pas portés cette saison, Monsieur – mauvaise forme. Comment les politiciens peuvent-ils garder leur style de parc élégant si le cheval de troupe ne resserre pas un peu sa sangle ? Soyez patriote, mon vieux ; mangez moins d'avoine.

Châtaigne . Ce gramophone de désordre doit être brûlant maintenant. Cela fonctionne en continu depuis le premier message. Je suppose que la maman de quelqu'un lui a envoyé une bouteille de boisson gazeuse au gingembre, et ils voient la vie jusqu'à épuisement des bulles.

Monty . Oui, et je suppose que mon jeune gentleman défilera demain matin avec une tunique *de camouflage* sur son pyjama, attendant que je le fasse passer à travers l'exercice d'escadron.

Gris fer . Dieu nous garde, mince !

Un rouan mexicain . *Bonne nuit!*

Cheval de pistolet . Hish! Officier d'ordonnance. 'E est dans les lignes de la Quatrième Troupe, non ; vous pouvez l'entendre maudire alors qu'il trébuche sur les chaînes du talon.

Monty . Chut, les gars. Officier d'ordonnance. *Bang Swar* .

* * * * * * * *

Une fois de plus, les têtes et les hanches s'affaissent. Ils posent dans des attitudes de sommeil comme un dortoir de petits garçons à l'approche d'un préfet. Le garde de ligne s'anime, s'empare de sa lanterne et commence à marcher de long en large comme si le salut dépendait de son accomplissement de tant de tours à l'heure. De la tente de garde, une trompette hurle : « Lumières éteintes ».

X

« TRANSMETTRE », LE SAGE IL APPELLE

Je vis actuellement dans un de ces villages où les Huns en retraite n'ont ménagé aucun effort. Avec la minutie qui le caractérise, il l'a tiré d'abord, puis l'a fait exploser et n'a cessé de le bombarder depuis. Entre choses et autres, il est dans un état de délabrement avancé ; en fait, si l'on n'avait pas le mot de la carte et un avis perché sur un tas de poussière de brique indiquant que le Town Major peut se trouver à l'intérieur, le voyageur occasionnel pourrait s'imaginer dans le Sahara, le Kalahari, ou l'extrémité sud de Kingsway.

Certaines de ces villes françaises sont très difficiles à reconnaître comme telles ; seul le détective qualifié peut le faire. Un certain régiment irlandais s'est vu confier la tâche d'en capturer un. Le schéma était à peu près le suivant. Ils devaient escalader le parapet à 5 h 25 et se précipiter sur une carrière distante d'une centaine de mètres. Après une demi-heure de répit, ils devaient se diriger vers des emplacements de mitrailleuses, s'en débarrasser, attendre encore vingt minutes, puis prendre la ville. Distance à peine mille mètres en tout. Immédiatement à zéro, tout le peloton s'est répandu sur les sacs, comme le peloton déborde sur le grand double de Punchestown, s'est arrêté à la carrière juste le temps de changer de pied sur le dessus et a chargé en criant contre les mitrailleuses. Puis, toujours pleins de plaisir et *de joie de vivre* , et n'ayant plus aucun officier pour entraver leur style fluide, ils ont esquivé leur propre barrage et ont couru à fond vers l'objectif final. Vingt minutes plus tard, trois kilomètres plus loin, un soldat en sueur se tourna vers son copain haletant : "Pour l'amour de Dieu, Mike, n'est-ce pas encore à proximité de cette foutue ville ?"

J'ai un immense respect pour Hindenburg (un homme qui peut boire les mélanges qu'il boit, et qui reste assis et sourit au soleil devant un appareil photo dix fois par jour, est digne de la vénération de tous), mais s'il pensait qu'en soufflant ces pauvres petits villages français en petits morceaux, il priverait le BEF de son couvre-chef et le ferait prendre froid et rentrer chez sa mère au trot, il devra veiller tard et réfléchir encore. Car Atkins d'aujourd'hui est un oiseau connaisseur ; il peut en faire parcourir un peu toute la distance et en évoquer beaucoup à partir du néant. Quant à la couverture, deux briques et son chapeau à éclats d'obus en font un pavillon très praticable. Dieu sait que cela intriguerait un cobaye de passer inaperçu dans notre village, et pourtant j'ai vu bataillon après bataillon y entrer et être arrêtés et renvoyés. Une demi-heure plus tard, on ne voit plus personne. Ils sont tous tombés au sol. Mon palefrenier et mon compatriote sont partis à la recherche de quoi construire un abri pour les chevaux. Il aperçut une planche respectable qui dépassait d'un tas de débris, s'y saisit et tira. Puis, pour le citer textuellement, "il y eut un grand rugissement de dessous, Sor, et un diable noir de fantassin passa la tête à travers les briques et me lança de sivins sortilèges pour avoir arraché le toit. de sa maison. Puis il m'a ensuite lancé une bombe, Sor, alors je suis parti. Tu ne saurais pas où poser ton cul dans cet endroit, Sor, à cause de la peur de marcher dans le ventre de. un officier et lui aslape. "

Certaines personnes ont la manie des bungalows et construisent des maisonnettes à partir de boîtes à biscuits, de sacs et ainsi de suite, mais la majorité s'effondre. Je fais partie de la majorité ; Je vais à terre comme un blaireau, car l'expérience m'a appris qu'une pirogue, si exiguë, humide et sombre qu'elle soit, ne peut vous être volée pendant que vous dormez ; c'est-à-dire que les voleurs ne peuvent pas arriver au milieu de la nuit, le déterrer jusqu'aux racines et l'emporter dans un wagon GS sans que vous, l'occupant, soyez conscient qu'une irrégularité se produit dans la maison. D'autre part, dans ce pays où le guerrier, lorsqu'il s'endort, subit une sorte de mort passagère, les bungalows peuvent être facilement volés autour de lui à son insu ; et qui plus est, le sont fréquemment.

Par exemple, un certain bungalow de notre village a été volé jusqu'à trois fois en une nuit. C'était ainsi. Un certain Todd, un lieutenant qui se promenait parmi nous un jour, emprunta un trou à un lapin local et y installa sa résidence. Or, ce Todd qui pousse la boue avait un cousin dans la même division, un de ces spécialistes hautement qualifiés qui parcourent le pays en répandant des bobines de fil de fer barbelé et en les traitant de « dépotoirs », un sapeur, en bref. Un après-midi, le sapeur Todd, trouvant de vieilles tôles ondulées qu'il avait négligé de jeter, les envoya à son cousin broyeur de graviers avec son amour et la demande de prêt d'une douzaine de soda. Todd, le martelant de terre, est sorti de son trou, a regardé la tôle ondulée et a eu des visions, des rêves. Il rendit le trou au lapin et se mit au travail pour faire évoluer un bungalow. Le soir, c'était complet. Il rampa à l'intérieur et s'endormit, dormit comme un loir drogué. A 22 heures, un escadron de poneys Shetland (dans le but de tromper l'ennemi tous les noms dans cet article sont entièrement fictifs) a fait notre village. Il pleuvait à ce moment-là, et l'officier de terrain responsable en recevait la majeure partie dans le cou. Il hurla pour son Batman et dit au valet que s'il n'y avait pas un bivouac à l'abri de la bruine prêt à l'envelopper au moment où il aurait fait ses adieux aux poneys, il n'y aurait pas de congé avant dix ans. L'homme chauve-souris se gratta la tête, puis s'éloigna doucement dans la nuit. Au moment où les poneys sortaient les dernières gouttes de leurs museaux, le fidèle serviteur avait gratté quelques feuilles de carton ondulé et les avait empilées dans un abri rudimentaire. Le Major se tortillait dessous et poussait actuellement un barrage de ronflements terribles à entendre. A minuit, un bataillon de la

Loamshire Light Infantry entra péniblement dans le village. Il pleuvait à gros morceaux et le colonel commandant ressemblait aux chutes Victoria et ressemblait à un sous-marin. Il exprima ses sentiments dans une série de beuglements rauques. Son Batman trembla et disparut dans l'obscurité *à pas de loup* . Au moment où le vieux gentleman avait arrêté son commandement et leur avait dit « bonne nuit », son ingénieux serviteur avait trouvé quelque part une ou deux feuilles de tôle ondulée et les avait assemblées dans une sorte de bivouac pour la réception de son seigneur. Son seigneur tomba à l'intérieur, ôta ses bottes et s'endormit instantanément, dormit comme un ours en hiver.

À 2 heures du matin, trois soldats canadiens se sont précipités contre notre village et ont trébuché dessus. Ils s'étaient égarés, étaient boueux des sabots aux cornes, morts-vivants, trempés jusqu'à la peau, glacés jusqu'aux os, rassasiés jusqu'aux dents du fond. Ils n'allaient pas plus loin et n'allaient pas non plus être inondés à mort s'il y avait une quelconque couverture quelque part. Ils fouinèrent et découvrirent bientôt quelques feuilles de tôle ondulée, les emportèrent en secret et passèrent la nuit sous quelques bûches plus loin dans la vallée. Mon Batman m'a foulé aux pieds à sept heures du matin. "Il va y avoir un meurtre dans ce camp en ce moment, Monsieur," annonça-t-il joyeusement. "Trois officiers sont allés dormir dans des bivouacs la nuit dernière, mais quelqu'un s'en est souvenu depuis, et ils sont tous allongés dehors dans l'espoir maintenant, monsieur. Leurs types osent les réveiller et briser les noos. Tous très "asty". - messieurs colériques, à ce qu'on m'a dit, le colonel est très moutarde. Il y aura de nouveaux visages sur le tableau d'honneur quand il reviendra.

Je suis sorti et j'ai jeté un coup d'œil à la scène d'une tragédie imminente. Les trois officiers inconscients, répartis sur trois lits de camp, gisaient au milieu d'une mer de boue comme trois îlots solitaires. Leurs subordonnés frissonnants se cachaient à distance, chuchotant entre eux et accroupis dans des attitudes d'attente épouvantable comme des hommes attendant l'explosion d'une mine ou l'éclatement du Destin. Comme les explosions de ces dimensions sont susceptibles d'être impartiales dans leurs attentions, je suis monté à cheval et je suis parti en campagne. Mais selon mon homme chauve-souris, qui a bravé l'aventure, le lieutenant s'est réveillé le premier, a explosé bruyamment et a fait exploser l'officier de terrain qui à son tour a fait exploser le colonel. Selon les mots de mon homme chauve-souris : "Ils en ont tiré un, deux, trois, Monsieur, pour le monde entier comme une mitrailleuse, un dix-huit livres et un How-pop-pop ! Whizz-bang ! Boom ! - très ' de lourdes pertes, Monsieur.

XI

NOTRE PRÉSIDENT DU MESS

Personne ici ne semble vraiment entiché des politiciens de nos jours. Les tranchées avant ont à peu près autant d'utilité pour les bancs avant qu'un chasseur de gros gibier pour les moustiques. Le professeur à la baïonnette montre sa rangée de mannequins et dit à ses gars : « Imaginez simplement qu'ils sont des ministres – partez ! et en un tic-tac d'horloge, le ciel pleut des lambeaux de sacs et des particules de paille. Le démon bombardier s'imagine qu'un parlementaire éminent se cache dans la sève opposée, serre les dents et gagne cinq mètres supplémentaires dans son bowling.

Mais je ne suis pas entièrement de l'avis vulgaire. L'homme politique accompli n'est peut-être pas un sujet d'odes, mais une éducation politique est un grand atout pour tout homme. Notre président du mess, William, a déjà aidé un ami à perdre une élection parlementaire, et son expérience nous a été inestimable. Dès que nous sommes fatigués de nous battre et que nous voulons des logements, l'escadron s'assoit là où il se trouve et le capitaine passe le message pour William. William époussette ses bottes, ajuste sa cravate et se dirige vers la ferme la plus attrayante en vue. Arrivé là-bas, il ôte son chapeau au chien, caresse le cochon, demande à la vache après le veau, salue le fermier, fait la révérence à la fermière, puis se tourne vers l'inévitable bébé, s'exclame dans la langue du pays : « Mong Juif ». , kell jolly ongfong" (Mon Dieu, quel enfant génial !), et se pencher tendrement dessus imprime un baiser persistant sur ses traits en caoutchouc indien et gagne la liberté de la ferme. Le mess peut utiliser la cuisine; le lit d'appoint est à la disposition du Skipper ; la vache montera et fera de la place au premier lieutenant ; le cochon ne sera que trop heureux d'accueillir les Subalterns dans sa modeste demeure.

Les officiers de cantonnement ordinaires n'ont aucune chance contre notre William et sa formation politique. "Ce gars-là", entendis-je lui faire remarquer un concurrent mécontent, "ferait un câlin au diable pour une noisette de coca." Une seule fois, il rencontra son adversaire, et une bataille de Titans en résulta.

Pour vaquant à ses affaires, il entra dans une certaine ferme et trouva le bébé déjà en possession d'un autre officier, une lourde créature rouge avec un monocle, qui berçait le berceau du bébé à soixante-quinze tours par minute et faisait des bruits doux sur un peigne à moustache. .

Le cœur de William tomba dans ses bottes ; il reconnut immédiatement les marques de la créature rouge. C'était un autre politicien ; aucune victoire sans effusion de sang ne serait la sienne ; la fourrure volerait en premier, la poudre brûlerait – Wow !

La personne rouge a dû tomber vers William également, car il a augmenté les révolutions à cent quarante par minute et s'est lancé dans une berceuse stridente de sa propre composition impromptue :

"Dors, le petit Did-ums de maman ;
va dormir, le petit Thing-me-jig de papa."

Néanmoins, cela n'a pas dérouté notre William. Il s'approcha par le flanc, tira adroitement l'enfant de son berceau par la peau du cou et commença à l'enduire de tendres baisers. Cependant, l'homme rouge le suivit tandis qu'il passait et s'accrocha, embrassant tous les morceaux qu'il pouvait atteindre. Lorsque la mère réapparut, ils s'inquiétaient du bébé entre eux comme deux chiots chiens s'inquiètent de la patte arrière d'un petit. Elle les a battus fidèlement avec un balai et les a tous deux jetés dans le vaste monde humide, et nous avons tous dormi dans une tourbière cette nuit-là, et William a été très maltraité et détesté. Mais ce fut son seul échec.

Si obtenir des logements est le travail de William, s'en débarrasser est l'affaire de Babe. William, comme moi, maîtrise bien trop le patois pour gérer avec succès des situations délicates. Par exemple, lorsque le fermier m'annonce que mes soldats ont brûlé deux socs et un pied-de-biche, et que mes chevaux de troupe ont mâché un mur de briques, je l'engage dans une palabre, avec pour résultat que nous finissons par nous séparer, j'ai l'impression que l'incident est clos, et il a l'impression que je lui ai promis de lui acheter une nouvelle ferme. Cela entraîne toutes sortes de complications internationales.

Le Bébé, en revanche, considère la connaissance du français comme immorale et n'en connaît que suffisamment pour se commander un verre. Il est également doué d'un léger bégaiement qui, sous le stress d'une langue étrangère, devient chronique. Ainsi, lorsque nous évacuons un cantonnement, William fournit au Bébé suffisamment d'argent pour indemniser le fermier de tous les dommages que nous n'avons pas commis, puis s'efface. Arborant un sourire éclatant, le bébé s'approche du fermier et presse le lucre dans sa paume honnête.

" Salut, dit le brave homme, qu'est-ce que c'est alors ? Cent francs ! Où sont les soixante-quatorze francs six centimes pour les puces volées par ton chien ? Les deux cents francs trois centimes pour l'indigestion que tes rations ont donné mon cochon ? Les huit mille quatre-vingt-dix-neuf francs cinq centimes d'assurance que j'aurais dû toucher si vos brigands n'avaient pas empêché ma grange de brûler ? — et tous les autres petits dommages, trois millions huit cent mille quarante-quatre francs. , un centime en tout... où est-il, hein ?

"Ec-c-coutez un moment", commence le Bébé. "Jer pp-poovay expliquay tut—tut—tut—tut—sh-sh-shiss———" dit-il, relâchant son bégaiement à un tir rapide, claquant et sifflant, se précipitant et attelant comme une mitrailleuse chauffée au rouge avec un siphon. pièce jointe. En cinq minutes, le fermier est pâle et implore le Bébé de laisser le passé derrière lui. "Nn-pas du tout, vieux t-top", dit le bébé. "Jer pp-poovay exp-p-pliquay bb-bub-bub-bub——— " et ça repart comme une riveteuse à vapeur et un bain-douche combinés, comme l'eau qui descend à Lodore. Aucun agriculteur, aussi robuste soit-il, n'a pu supporter cela plus de vingt minutes. Un quart d'heure le voit habituellement s'enfuir et s'enfermer dans la cave, tandis que le Bébé lui envoie des baisers d'adieu affectueux par le trou de la serrure.

Nous sommes actuellement cantonnés dans une ferme.

Le Skipper occupe le meilleur lit ; le reste d'entre nous faisons la touche en plein air dans des tentes et des bivouacs disséminés dans le paysage environnant. Nous entretenons des relations très intimes avec les sympathiques gens de la ferme. Chaque matin, je me réveille pour trouver une demi-douzaine de poules et leur gentleman ami perchés le long de mon anatomie. Une des poules a pondu un œuf dans mon oreille ce matin. William dit qu'elle l'a pris pour son nid, mais je suppose que la poule, en tant qu'honnête oiseau, ne faisait que payer un loyer pour son perchoir.

Le bébé est arrivé au petit-déjeuner ce matin avec seulement une demi-moustache. Il a dit qu'une chèvre avait brouté l'autre moitié pendant qu'il dormait. Depuis, la pauvre bête a des crises de rire : une moustache doit être très chatouilleuse à digérer.

Hier, MacTavish, alors qu'il était en train de prendre sa baignoire à l'air libre, a remarqué que l'eau de son bain coulait mystérieusement de plus en plus bas. Se retournant pour rechercher la cause du phénomène, il aperçut une douce laiterie qui l'aspirait en secret derrière son dos. Il y avait aujourd'hui une forte saveur de savon au goudron de houille dans le *café au lait* .

Ce matin, à l'aube, j'ai été réveillé par un pied froid qui me touchait le visage. En clignant des yeux, j'ai observé Albert Edward en pyjama rose gambader à côté de mon lit. "Montre une jambe, vite", murmura-t-il. "Sortez et oncle montrera une jolie photo à Boysey."

En écartant la couverture de volaille, je l'ai suivi sur la pointe des pieds à travers l'hydromel rosé jusqu'à la bâche que lui et MacTavish appellent « leur maison ».

Albert Edward souleva un rabat et me fit signe de jeter un coup d'œil à l'intérieur. C'était, comme il l'avait promis, un joli tableau.

Au pied du matelas de notre MacTavish, sous une couverture de rechange soulevée par ce guerrier dans son sommeil, gisait un gros cochon rose. Tous deux étaient occupés dans un repos paisible et turbulent.

« Têtes d'anges, de Sir Joshua Reynolds », me souffla Albert Edward à l'oreille.

XII

COUPES DRÔLES

Le monde entier s'est émerveillé devant « la bonne humeur irrépressible » du vieil Atkins. Chaque voyageur distingué qui accompagne Cook en tournée sur le front pendant quelques jours y consacre au moins un chapitre du livre qui en résulte. "Comment diable Thomas fait-il ça ?" ils demandent. "De quoi donc trouve-t-il de quoi rire ?" Écouter.

Il y a des années, lorsque la célèbre guerre était jeune, un grand homme était assis dans son sanctuaire et exerçait sa matière grise. Il se dit : "Il y a une guerre. Des hommes, au nombre de plusieurs, seront arrachés à un environnement confortable et condamnés à continuer cette guerre jusqu'au terme de leur vie contre nature. Ils seront bombardés, gazés, minés et bombardés." , étouffés dans la boue, travaillés jusqu'aux os, s'ennuyés et effrayés, les fatigues seront interminables, les rations seront courtes, le rhum dilué, les relèves tardives et nulles. Leurs filles les abandonneront pour des munitionnaires cloutés de diamants. « Le petit Jimmie a les oreillons ; et qu'en est-il du loyer ? Vous ne dépensez pas la totalité de cinq dollars par semaine pour vous-même, n'est-ce pas ? Ce n'est qu'une dîme (ou bien un petit morceau) des choses qui leur arriveront, et leur nature ensoleillée deviendra aigrie et malade si quelque chose n'est pas fait à ce sujet. »

Le grand homme est resté assis toute la nuit à mâcher des porte-plume et à réfléchir au problème. La Grande Idée est venue avec la fin du huitième porte-plume.

Il s'est levé d'un bond, des éclairs d'inspiration jaillissant de ses yeux et a hurlé : « Qu'il y ait des *Funny Cuts !* » – puis il s'est couché. Le lendemain matin, il créa le « je ». (qui signifie Intelligence), a soigneusement sélectionné son bâton, les a disposés dans des onglets de teinte appropriée et leur a dit d'aller jusqu'au bout. Et depuis, ils le font fidèlement. Ce que les Marines sont pour le service supérieur, "moi". est pour nous. Si un subalterne arrive avec l'histoire selon laquelle l'épouvanteur d'Hindenburg l'a abordé à Bloody Corner et lui a offert un cigare, ou un chérubin en ballon, vous raconterez l'histoire d'un char Boche équipé de pneus en caoutchouc, de ressorts en C et d'eau chaude et froide. , qu'il a vu grimper aux arbres derrière Saint-Quentin, nous lui rétorquons : "Oh, va le dire à 'Moi'", puis nous nous asseyons et voyons ce que l'organe officiel inspiré des onglets verts en fera. Pour eux, un indice vaut comme un clin d'œil, un coup de pouce suffisant. Sous le génie de ces artistes imaginatifs, l'incident le plus insignifiant surgit dans un envoûteur de Le Queux, et toute l'armée britannique, rassemblée autour de ses sergents-majors, se fait lire chaque matin à l'appel des camées choisis, rit d'un rire brisé. les mâchoires de l'aube et continue de rire toute la journée. Maintenant tu sais.

Notre adjudant a reçu un appel téléphonique il n'y a pas longtemps. "L'armée parle", dit une voix. "Voulez-vous envoyer quelqu'un à Courcelles pour voir s'il y a un maire là-bas ?"

L'adjudant a répondu qu'il le ferait, et un sous-officier a été dépêché immédiatement. Il est revenu plus tard, ne signalant aucun symptôme, alors l'adjudant a appelé Exchange et a demandé à être mis en relation avec le quartier général de l'armée. "Quelle branche?" » Exchange a demandé. "Pourquoi, vraiment, je ne sais pas, j'ai oublié de demander", avoua l'adjudant. "Je vais essayer avec 'A."

"Bonjour", a dit "A". — Il n'y a pas de major à Courcelles, dit l'adjudant. "Vous m'étonnez, Fair Unknown", a déclaré "A."; "Mais qu'en est-il, au fait ?" L'adjudant s'est excusé et a demandé à Exchange un « Q ». département, "Bonjour", a dit "Q". — Il n'y a pas de major à Courcelles, dit l'adjudant. "Désolé, vieille chose, qui que vous soyez," dit "Q.", "mais nous ne les stockons pas. Rations, fer, transpiration, boîte, huile, baleine, livrés avec rapidité et courtoisie, mais pas les maires de la ville... Désolé." L'adjudant soupira et consulta Exchange pour savoir qui aurait pu l'appeler.

Exchange ne pouvait pas deviner à moins qu'il ne s'agisse du « je ». De toute façon, il n'y avait aucun mal à essayer.

"Bonjour!" dit "je". "Il n'y a pas de major à Courcelles", ronronna l'adjudant avec lassitude. "Quoi!" "JE." s'exclama, soudain intéressé. "Dites-le encore, plus clairement." « Cour-celles… Non… Ville… Major », répéta l'adjudant. Il y eut une pause ; puis il entendit quelqu'un émettre un « Bon Dieu ! » impressionné. et laissez tomber le récepteur. Le lendemain matin, dans *Funny Cuts* (l'organe de renseignement), nous apprenions que " le quartier général *du corps* a été lourdement *bombardé* la nuit dernière. Le major de la ville a disparu. C'est la preuve que l'ennemi a amené des canons à longue portée dans le secteur opposé." S'ensuivirent des masses d'informations sur la marque probable des canons, la taille de l'obus qu'ils préféraient, l'histoire de la vie du commandant de batterie, sa fleur et son auteur préféré.

Le Boche, toujours aux aguets pour déjouer les moyens de paiement d'une firme d'opposition, a désormais son « je ». le personnel et *Funny Cuts* également. De temps en temps, nous capturons une copie et lisons ce genre de chose :

"D'après les cris d'agonie entendus hier par l'un de nos intrépides aviateurs alors qu'il patrouillait au-dessus des lignes ennemies, il est évident que les Britanniques brutaux et implacables frappent à la baïonnette leurs prisonniers."

Une division Highland, dont les cornemuseurs vedettes organisaient un concours de chants funèbres et de lamentations à cette date, compte maintenant les heures jusqu'à la prochaine offensive.

Les Antrim avaient un *cordon bleu* du nom de Michael O'Callagan. C'était un robuste coquin, qui s'était retiré depuis Mons, puis remontait jusqu'à l'Yser, avec une énorme marmite sur le dos, d'où il fournissait à tout venant, à toute heure, de mystérieux ragoûts, sous toutes conditions. Pour cela, et pour le fait qu'il savait cuisiner sous l'eau et qu'il préparait des plats chauds lorsque d'autres *chefs* se suicidaient, beaucoup lui fut pardonné, mais il avait tendance à regarder le *vin* quand il était *rouge* et était habituellement enduit d'un pouce d'épaisseur avec un vernis de suie et de noir de pot. Un matin, il se hissa calmement au-dessus du parapet et, malgré les attentions sérieuses des tireurs d'élite huns, y resta assez longtemps pour ramasser suffisamment de débris pour faire bouillir ses dixies. Le lendemain, les *Funny Cuts boches* ont fait éclater les frayeurs :

"SAUVAGES SUR LA SOMME.

"Les Britanniques désespérés et sans scrupules emploient des Zoulous cannibales noirs pour défendre leur système. Hier, l'un d'eux, un chef d'apparence incroyablement dépravée, a été observé en train d'éclairer en plein air."

Le communiqué se terminait par un traité sur les Zoulous, leurs habitudes mangeuses d'hommes noirs, et une exhortation à « nos vieux Brandebourgeois » à ne pas être consternés.

XIII

CONGÉ

Le Bébé est parti en permission en Angleterre. Non pas que ce soit une expérience nouvelle pour lui ; il le faisait habituellement tous les douze mois – l'influence, et ce genre de choses, vous savez. Il descendit vers la côte dans une voiture contenant dix-sept autres hommes, mais il avait un gros garçon endormi sur lequel s'asseoir et il était passablement à l'aise. Il a traversé la traversée dans un bateau bancal, rempli de cave au grenier avec des Red Tabs invalidés à cause d'un choc d'obus, des Blue Tabs atteints de la fièvre des tranchées et des Green Tabs atteints d'une tapette cérébrale ; Des transporteurs mécaniques en éperons et en crosses, des marchands de confitures en revolvers et couteaux bowie, des policiers militaires décorés de *pickelhaubes*, et ici et là un combattant furtif qui s'était enfui par erreur et serait rappelé dès son débarquement.

Le train de départ est arrivé à Victoria en fin d'après-midi. Les vendeurs de taxi bourdonnaient autour du Bébé, mais il n'en voulait pas ; il irait à pied pour mieux voir les curiosités du village : un tranquille pèlerinage sentimental. Il n'avait pas parcouru cent mètres lorsqu'un petit canard se précipita vers lui en criant : « Où sont vos gants, monsieur ? "Je les mets toujours au froid pendant l'été avec mon manchon et mon boa, chérie," répondit agréablement Bébé. "En plus, ma mère n'aime pas que je parle à des inconnus dans la rue, alors ta-ta." La petite créature rougit comme une rose thé et tapa du petit sabot. "Insolence!" ça a grincé. « Toi… tu rentres en France par le prochain bateau ! et le Bébé s'aperçut avec horreur qu'il avait été plein d'esprit envers un grand prévôt adjoint ! Il s'est jeté à genoux, léchant les bottes de l'APM et criant d'une voix forte qu'il serait sage et ne recommencerait plus.

L'APM a gracié le Bébé (il voulait conserver le cirage de ses bottes) à condition qu'il achète immédiatement une paire de gants de la coupe et de la teinte officielles. Le Bébé le fit aussitôt et continua son chemin. Il n'avait pas continué dix mètres lorsqu'un autre APM l'a fait trébucher. "Cette casquette est une honte, Monsieur !" aboya-t-il. "Je le sais, Monsieur", a admis le bébé, "et j'en suis terriblement désolé; mais ce trou n'est arrivé qu'hier soir - un éclat d'obus, vous savez - et je n'ai pas encore eu le temps d'en acheter un autre. Je vous ne vous souciez pas du style qu'ils vendent dans ces petites boutiques françaises, n'est-ce pas ?

L'APM ne connaissait rien de la France et de ses petits commerces et n'avait pas l'intention d'enquêter ; en tout cas pas tant qu'il y avait une guerre là-bas. « Vous reviendrez au front demain, dit-il. Le Bébé lui saisit la main et la serra chaleureusement. "Merci, merci, Monsieur", s'est-il exclamé ; "Je ne voulais pas venir, mais ils m'ont obligé. Je viens des Fidji, je n'ai pas d'amis ici, et Londres est si différente de Suva que j'en ai mal à la tête. De toute façon, je suis fauché et je n'ai pas les moyens de partir. . Merci, Monsieur, merci.

"Ahem, dans ce cas, je reviendrai sur ma décision", a déclaré l'APM. "Achetez-vous une casquette officiellement sanctionnée et continuez."

Le Bébé en acheta un avec empressement ; puis, après avoir goûté aux dangers des rues pour un après-midi, il prit un taxi et, couché au fond, bien hors de vue, se précipita vers son ancien hôtel. Lorsqu'il atteignit son ancien hôtel, il découvrit qu'il avait changé pendant son absence et qu'il était désormais le quartier général du directeur de Bones and Dripping. Il a maltraité le chauffeur de taxi, qui a dit qu'il était désolé, mais on ne pouvait pas le dire ces jours-ci ; un hôtel était un hôtel à un moment donné, et le moment suivant, c'était quelque chose de complètement différent. Les films n'en faisaient pas partie, a-t-il déclaré.

Finalement, ils découvrirent un hôtel qui se comportait toujours comme tel et la Bébé obtint une chambre. Il resta toute la soirée dans cette chambre, sous le lit, se faisant pousser ses repas sous la porte. Un APM qui rôdait reniflait le trou de la serrure, mais n'enquêtait pas davantage, ce qui était une chance pour le Babe, qui n'avait pas de pyjama réglementaire.

Le lendemain matin, accroupi sur le plancher d'un autre taxi, il fut emmené chez son tailleur, se livra entre les mains du fidèle et ne partit qu'après avoir la garantie d'être absolument à l'épreuve des APM. Il est allé déjeuner au "Bolero", a commandé des huîtres pour commencer, les a polies et a demandé au serveur de monter le *consommé* . Le serveur secoua la tête. "C'est impossible, Monsieur. Les hommes subalternes n'ont droit qu'à trois ou six pence de nourriture et vous en avez déjà eu, Monsieur. Si nous devions vous servir une miette de plus, nous serions persécutés sous le régime du Commerce. avec l'Enemy Act, Monsieur, il y a un APM assis dans le coin en ce moment même, Monsieur, ses lunettes fixées sur chacune de vos bouchées, très suspectes... "

"Bon dieu!" » dit le Bébé, et il s'enfuit. Il s'est précipité jusqu'au restaurant suivant, y a pris un plat à trois sous , est allé dans un autre pour des friandises, et encore un autre pour du café et des garnitures. Ces courts intervalles entre les plats maintenaient son appétit merveilleusement vivant.

Cet après-midi-là, il croisa une amie à Bond Street, "une travailleuse de guerre extrêmement intéressée par la guerre" (voir le numéro actuel de *Social Snaps*). Elle était chez Yvonne pour essayer sa gaze pour les Tableaux de Boccace en faveur des Arméniens et avait besoin d'un peu de détente. Elle engagea donc le bébé pour la pièce, qui sera suivie d'un dîner avec elle et son mari civil. La pièce (un drame de guerre) a donné faim au Babe, mais le commissionnaire (apparemment un major-général) qui fait des petits boulots en dehors du Blitz s'est opposé à lui. "Je ne peux pas entrer, Monsieur." "Pourquoi pas?" » s'enquit le Bébé ; "mes amis sont entrés." "Oui, monsieur, mais aucun officier militaire n'est autorisé à se nourrir après 22 heures en vertu de la loi sur la défense du royaume, note de bas de page (*a*) du paragraphe 14004." Il se pencha en avant et murmura derrière son gant : "Il y a un Hay Pee Hem sous le portique qui surveille vos mouvements, Monsieur." Le Bébé n'avait pas besoin d'autre avertissement ; il a plongé dans la limousine de son ami et s'est enfoui sous le tapis.

Quelque temps plus tard, la portière de la voiture s'ouvrit avec précaution et le visage lunaire du major-général s'inséra à travers la fente. « Hall libre pour le moment, Monsieur ; le Hay Pee Hem 'est sorti dans la rue, pourchassant un jeune officier en chaussures basses. 'Eh bien, mec, je suis moi-même un soldat de la cale.' Il fourra une banane humide dans la main du Bébé et ferma doucement la porte.

Le lendemain matin, le Babe a déterré un vieux costume de « civils » de 1914 et l'a enfilé. Une femme dans le métro l'appelait « Cuthbert » et l'informait gratuitement que son mari, deux fois plus âgé que Babe, s'était porté volontaire dès que la conscription avait été déclarée et qu'il combattait depuis lors courageusement dans le département des vêtements de l'armée. De plus, elle supposait que le père de Babe était au Parlement et qu'il était un objecteur de conscience. À Hyde Park, un gamin l'a appelé « Papa » et lui a demandé ce qu'il faisait pendant la Grande Guerre ; un autre gambadait autour de lui en faisant des bruits de lapin. A Knightsbridge, un policier militaire voulait l'arrêter comme déserteur. Le Bébé a hélé un taxi et, recroquevillé sur le sol, s'est enfui vers son hôtel et a de nouveau enfilé son uniforme.

Cette nuit-là, alors qu'il rentrait chez lui dans le noir, plongé dans ses pensées, il sortit par inadvertance une pipe de sa poche et l'alluma. Un APM qui le surveillait depuis un demi-mille s'est jeté sur lui, lui a arraché la pipe et deux ou trois dents de la bouche et l'a ramené en France par le bateau suivant.

* * * * * * *

Son palefrenier, rayonnant de bienvenue, l'accueillit à la tête de ligne avec les chevaux.

"Bonjour, mon vieux, cheerio et tout le reste," hennit Huntsman avec amour.

Miss Muffet frotta son museau de velours contre sa poche. « Vous avez apporté un morceau de sucre pour une petite fille ? » gronda-t-elle.

Il la monta et traversa le pays, Miss Muffet sautant et cabriolant pour montrer à quel point elle appréciait la bonne humeur.

Deux brigades d'infanterie étaient sous toile à Mud Gully, leurs feux de cuisine clignotant comme des yeux rouges. Les gardes se sont mis au garde-à-vous et se sont giflés au passage du bébé. Un subalterne sortit d'une tente et lui cria de s'arrêter pour prendre le thé. "Nous avons du gâteau", at-il attiré, mais le Bébé a continué.

Un chapeau rouge galopait sur les chaumes devant lui en agitant une cravache amicale, "Pip" Vibart l'APM se dirigeant vers le QG "Soir, mon garçon !" il a crié ; "montez le pont demain soir", et continuez votre route par-dessus le flanc de la colline. Un vol d' avions, comme des mouches dans l'ambre du coucher du soleil, bourdonnait au-dessus de nous *en route* vers Hunland. Le Bébé leur agita sa casquette officielle : « Bonne chasse, mes vieux chéris.

Ils venaient juste de commencer à se ravitailler dans les lignes régimentaires quand il arriva ; le hennissement excité de cinq cents chevaux était une musique à ses oreilles. Ses frères subalternes ont salué son retour avec des bruits forts et exubérants, ont fait des remarques désobligeantes sur l'élégance de ses vêtements, se sont assis sur lui partout par terre et l'ont froissé. En apercevant le Bébé, l'O'Murphy devint fou et courut autour de la table en se tortillant comme une danseuse orientale, poussant des cris aigus de joie ; bientôt il sauta par la fenêtre, pour entrer quelques minutes plus tard par le même chemin, et déposer aux pieds de sa meilleure amie l'offrande d'un rat fraîchement tué.

À ce moment-là, le capitaine entra, recouvert de la boue de la ligne, fit un signe de tête joyeux à son sous-marin junior et tomba instantanément sur les toasts beurrés.

"Passe un bon moment, fils?" marmonna-t-il. "Comment va la joyeuse Angleterre ?"

"Oh, l'Angleterre, ça va, monsieur", dit le Bébé en chatouillant le ventre retourné de The O'Murphy, "tout à fait bien, mais c'est agréable d'être de nouveau chez soi parmi ses propres gens."

XIV

"HARMONIE, MESSIEURS!"

Personne, à l'exception des Boche, n'a une plus grande admiration que moi pour les capacités de démolition des Écossais, mais en matière musicale, nous ne nous entendons pas d'une oreille à l'autre. Ce n'est pas que je n'ai pas d'âme ; J'ai. J'en palpite assez. Je me lève le matin en chantant des bagatelles de Monckton et je chantonne pour m'endormir la nuit avec des bribes de Novello.

Je ne veux pas me vanter, mais m'entendre sortir la "Sonate au clair de lune" d'un piano d'une main (l'autre attachée derrière mon dos) est une expérience inoubliable.

Je ne céderais pas devant Paderewski lui-même au peigne, aux os ou à la guimbarde, et je pourrais donner du fil à retordre à A. Gabriel au cor. Mais ces cornemuses !

Ce n'est pas tant l'exécution du joueur de cornemuse que je critique que son répertoire restreint. Il ne peut jouer qu'un seul bruit. Il est tout à fait inutile qu'un Écossais m'explique que c'est la « Lamentation de Sandy Macpherson » et que le « Chant funèbre de Hamish MacNish » ; tout cela me semble pareil.

La brigade d'infanterie qui campe devant ma pirogue (« Mon Repos ») est une brigade écossaise. Pas des Écossais temporaires des Highlands de Commissioner Street, Jo'burg, et Hastings Street, Vancouver (au sujet desquels je n'ai rien à dire), mais de vrais *Gaëls pukka* , respectueux des lois, kirk, craignant Dieu et poussant la baïonnette, élevé parmi les rochers des Grampians et élevé sur des chardons et du whisky illicite. Et un homme sur deux dans cette brigade est un joueur de cornemuse confirmé.

Ils disposent de pipes massives pour le petit-déjeuner, le déjeuner, le thé et le dîner ; des solos de tuyaux avant, pendant et après les boissons. Si l'un d'eux traverse la route pour emprunter une boîte d'allumettes, un joueur de cornemuse l'accompagne en élevant Caïn. Leur mess des officiers est situé juste derrière « Mon Repos », nous vivons donc dans les stalles de l'orchestre, pour ainsi dire, et entendons tout ce qu'il y a à entendre.

Un soir, alors que les malheurs de Sandy Macpherson (ou de Hamish MacNish) étaient diffusés de manière très poignante à côté, Albert Edward arriva à la conclusion que la limite était atteinte. « Cela fait dix jours et dix nuits qu'ils tuent le cochon régulièrement, dit-il ; "il faut faire quelque chose à ce sujet."

«Je suis avec toi», dis-je; mais que sommes-nous deux contre une brigade entière ? S'ils vous surprenaient en train d'enfoncer une épingle impie dans l'un de leurs sacs sacrés, il manquerait un autre sous-lieutenant.

"Arrêtez et laissez-moi réfléchir", dit Albert Edward, et pendant l'heure suivante, il resta allongé sur son lit, roulant et gémissant - les signes habituels que son soi-disant cerveau est actif.

Le lendemain matin, il se rendit à l'escadron et revint plus tard avec le gramophone du mess et un certain disque. Il y a des records et des records, mais pour la vitesse élevée, la perforation du blindage et la portée, celui-ci bat Banagher. C'est un joyau de cette "galaxie étincelante de mélodie, de gaieté et de talent" (agent de presse parlant), " *I Don't Think* ", qui scintille tous les soirs au Frivolity Theatre.

«Quand les colibris chantent», en est le titre, et Miss Birdie de Maie le rend, le rend comme elle seule le peut, d'une voix comme une lime frottant la tôle ondulée.

Nous avons commencé à fredonner les oiseaux à 16 heures et les avons laissés déchirer régulièrement jusqu'à 23 h 15, en nous arrêtant seulement pour changer d'aiguilles.

L'homme chauve-souris d'Albert Edward a de nouveau déclenché le brouhaha à six heures du matin suivant ; mon Batman le relevait à huit heures, et ainsi de suite tout au long de la journée, par équipes de deux heures. La nuit, les gardes de ligne continuaient leur travail. Le lendemain matin, alors que nos batmen menaçaient de se rendre malades, nous avons accusé un soldat de « stupide insolence » et lui avons fait expier son péché en s'occupant du gramophone. O'Dwyer, d'une des colonnes de munitions voisines, est venu dans l'après-midi se plaindre de ce que ses mules ne parvenaient pas à dormir et marmonnaient entre elles ; mais nous lui avons donné une bouteille de whisky et il est parti tranquillement.

Monk de l'autre colonne a appelé une heure plus tard pour nous demander si nous voulions tirer des obus ; mais nous l'avons acheté avec un mors à filet et une bouteille de lotion capillaire.

Tout le quartier s'est révolté. Quelqu'un, à la faveur de l'obscurité, a pris un pot au gramophone avec un revolver et l'a lancé dans la trompette. Même le placide ballon d'observation qui flotte au-dessus de notre camp est devenu méchant et nous a lâché des jumelles et des sextants. Nous avons construit un parapet protecteur de sacs de sable autour et avons continué. Quant à nous, le vacarme ne nous dérangeait pas du tout, ayant pris la précaution de nous boucher les oreilles avec de la cire de tireur.

Puis un soir, nous avons découvert un bombardier Highland en train de se vider le ventre en direction de notre instrument. Acculé, il s'excusa en arguant qu'il s'agissait d'une forme d'exercice suédois qu'il prenait toujours au crépuscule pour le bénéfice de sa digestion. Une explication ingénieuse, mais qui couvrait à peine la bombe vivante de Mills qu'il s'efforçait de dissimuler dans un pli de son kilt. Nous l'avons chassé à coups de maillets ; mais secrètement, nous étions très ravis, car il était clair que la tension pesait sur le robuste Écossais.

Par mesure de précaution, nous avons maintenant entouré le gramophone d'un enchevêtrement de barbelés et nous avons donc continué.

Le lendemain, nous avons vu une vingtaine d'officiers kiltie regroupés à l'extérieur de leur mess, têtes ensemble, apparemment en consultation sérieuse. De temps en temps, ils se tournaient et nous regardaient sombrement.

"Les chefs blancs tiennent de grandes palabres là-bas", remarqua Albert Edward. "Ils se débattent maintenant pour décider qui viendra nous porter la barbe. Le costaud aux genoux d'astrakan a perdu; il relève son bonnet et demande à ses copains s'il a son sporran bien droit. Le voici qui s'approche en marchant délicatement. Je vous laisse le soin, partenaire.

Je m'allongeais dans l'herbe et j'attendais la députation. Le gramophone, en sécurité derrière ses sacs de sable et ses câbles, faisait ses affaires comme d'habitude, Miss Birdie hurlant comme un chat sauvage sur des cendres brûlantes. La députation a parcouru les lignes de chevaux, m'a fait un signe de tête et s'est assise sur le bidon d'huile que nous gardons pour le logement des invités. Il ouvre nerveusement le bal en faisant remarquer qu'il fait beau.

Je n'étais pas d'accord avec lui, mais j'ai refusé de discuter. Cela l'a déconcerté pendant quelques secondes, mais il s'est rétabli en affirmant que c'était de toute façon plus beau qu'il ne l'avait été en 1915. Après cet éclat, il parut à court de sujet de conversation et resta assis à se gratter l'oreille comme s'il espérait trouver l'inspiration. en sort comme un prestidigitateur obtient des lapins.

"Vous semblez être attiré par la musique ?" osa-t-il à présent.

"Passionnellement", dis-je.

"Ah—hem ! Vous semblez être un partenaire de cette sélection", a-t-il poursuivi.

" Passionnément dévoué ", dis-je. " Jolie petite chose ; j'adore son sentiment, son tempo, son trémolo et son timbre, son fortissimo et son allegro. Écoutez simplement la partie qui vient maintenant...

'Quand les colibris chantent
Et que les cloches des vieilles églises sonnentNous canoodlerons, nous canoodlerons sous la lune. En Alabama, tu seras mon charmeur aux yeux étoilés ; sur la tombe de mon chaton aux cheveux blancs, nous nous asseoirons et cuillère, cuillère, spoo-oo-oon. »

Un petit morceau d'allegro astucieux qui... hein, quoi ?

Il hocha poliment la tête. « Oui… bien sûr, sûrement ; mais… euh… euh… ne trouvez-vous pas que cela devient un peu monotone avec le temps ?

"Jamais", rétorquai-je vigoureusement. "Pas du tout. Pas plus que vous ne trouvez monotones les lamentations ou les chants funèbres de Sandy Macpherson ou de Hamish MacNish."

Il a soudainement dressé les oreilles et m'a regardé. Puis son visage potelé se fendit lentement d'une oreille à l'autre dans le sourire le plus large que j'ai jamais vu, et ses deux mains se levèrent.

« Camérad ! » a-t-il dit.

XV

LA MULE ET LE TANK

Les colonnes de munitions sur les deux flancs nous procurent beaucoup de plaisir. Ils semblent vivre en se volant les mules des uns et des autres. Mes gardes de ligne me disent que des silhouettes furtives conduisant des ânes sombres traversent mes lignes toute la nuit. Les commandants respectifs, un Australien et un Irlandais, viennent nous voir de temps en temps et nous mettent en garde les uns contre les autres. Je reste strictement neutre et jusqu'à présent, ils ont respecté ma neutralité. J'ai pris des mesures dans ce sens en entourant mes chevaux de barbelés et de fusils à ressort, en leur attachant des cloches et en doublant la garde.

Monk, l'Australien, est passé nous voir il y a deux ou trois jours. « Ce foutu Sinn Feiner est la limite », dit-il ; "Il m'a enlevé ma meilleure blague la nuit dernière alors que j'étais aux batteries. Il pincerait le cul de Balaam." Nous avons murmuré nos condoléances, mais Monk les a écartées. "Oh, tout va bien. Je ne suis pas né hier, ni avant-hier d'ailleurs. Je ferai pleurer des larmes de sang à ce joyeux Fenian avant d'avoir fini. Regardez simplement."

O'Dwyer, le joyeux Fenian, est venu le lendemain.

« Donnez-nous à boire, frères officiers, dit-il. "Je me réveille en riant."

Nous avons demandé ce qui s'était passé.

"Vous savez, ce bushranger éviscéré de hareng, là-bas ? Il aurait vidé le lait de votre thé, il le ferait, ce serait la même chose. Eh bien, la nuit dernière, il est devenu vicieux et a craqué dans mes lignes. J'ai dû contacter Rayson. je soupçonnais qu'il voulait essayer quelque chose, alors j'ai posé pour lui. J'ai planté une certaine mule là où il pourrait la raser et j'ai gardé le reste à quatre profondeurs, vous me croirez, mais il est tombé dans la tête. d'abord, le pauvre simple diable.

"Mais il a eu votre mule", dit Albert Edward, perplexe.

« Bien sûr, et il l'a fait, vous pariez qu'il l'a fait – il a eu le vieux Lyddite.

Albert Edward et moi étions toujours perplexes.

"Un explosif très puissant, d'où son nom", a expliqué O'Dwyer.

« Chers cœurs, poursuivit-il, il a mon mulet cascadeur, l'assassin de ma famille ! Ce long-oreille a vingt-trois victimes à son actif, dont un brigadier. Je dois le secouer pour l'atteler, le mettre sur la touche. pour le toiletter, le jeter pour le couper, et le droguer pour le faire chausser. Vous voyez la plaisanterie

"

maintenant ? Le estimé camarade Monk est en train de pincer un paquet infaillible de mort subite, et il ne le sait pas encore.

"Quelle est la prochaine étape ?" J'ai demandé.

"Je vais le laisser là-bas. Attention, je ne veux pas perdre complètement ce vieux mec, parce que, à vrai dire, je l'aime beaucoup maintenant que je connais ses ficelles, mais je suppose que M. Monk sera un personnage gravement guéri d'ici une semaine, et il rendra la bête lui-même avec des larmes et des excuses sur vélin si longtemps.

J'ai retrouvé O'Dwyer deux jours plus tard sur la piste boueuse. Il retint son épi et demanda une cigarette.

"Je me suis bien amusé au poste de secours en regardant les blessés de Monk arriver", a-t-il déclaré. "Terrible spectacle, pas assez pour faire pleurer un homme fort. Mon ami commun, Monk, a l'air aussi génial qu'une poule mouillée. Cela va être une merveilleuse leçon pour lui. A plus tard." Il poussa son épi dodu et s'éloigna en sifflant joyeusement.

Mais c'est Monk que nous avons vu plus tard. Il a vermifugé son long cadavre dans "Mon Repos" et s'est assis sur le lit d'Albert Edward en riant comme une hyène chatouillée. "La chose la plus drôle au monde", balbutia-t-il. "Une mule s'est égarée dans mes lignes l'autre soir et a refusé de partir. C'était une bête pourrie, une terreur sacrée ; elle pouvait chasser une mouche de ses oreilles et mordre un homme en deux. Cela ne me dérange pas d'admettre qu'elle jouait au combat. et comment ça s'appelle avec mon organisation pendant un jour ou deux, mais par respect pour O'Dwyer, aussi canaille qu'il soit, je..."

"Oh, alors c'était la mule d'O'Dwyer ?" » Albert Edward l'interrompit innocemment.

Monk hocha précipitamment la tête. "Oui, c'est ce qui s'est passé. Eh bien, par respect pour O'Dwyer, j'en ai pris soin autant que cela me le permettait, m'attendant naturellement à ce qu'il vienne le réclamer - mais il ne l'a pas fait. Le quatrième jour , après qu'il eut préparé un petit-déjeuner léger sur l'oreille d'un bombardier et donné un coup de pied à un maréchal-ferrant, j'en ai eu absolument marre, j'ai relâché ce foutu cannibale et je lui ai donné un coup de fouet pour une vitesse divine. Il est parti plein est, gambader et renifler jusqu'à ce qu'il atteigne la trace du char ; là, il s'est arrêté et a ramassé un peu d'herbe. Bientôt, un char arrive, se dirigeant vers la mêlée, et donne un coup de poing à l'arrière du mulet. la poitrine, puis continue son broutage sans regarder autour de lui, laissant le réservoir pour mort, comme cela aurait dû être le cas selon toutes les normes humaines, bien sûr. Mais au lieu d'être mort, la boîte de trucs se lève et donne un autre derrière à l'âne et. Cela a bien réveillé le mulet. Il a fermé les yeux et s'est couché dans le réservoir pour sa vie, on pouvait l'entendre tinter à un kilomètre et demi.

"Après avoir livré deux douzaines des meilleurs, le moke s'est retourné pour renifler le cadavre froid, mais le cadavre était toujours chaud et souriant. Puis le mulet est devenu fou et s'est mis sérieusement au réservoir. Il l'a frappé dans l'œil, en haut- il l'a coupé sur la pointe, l'a accroché derrière l'oreille, a cogné ses lamelles, a planté sa gauche sur la marque et sa droite sur le plexus solaire, mais le réservoir s'est quand même redressé et s'est nourri.

"Puis l'âne laissa échapper un rugissement et ferma avec ; il essaya le demi-Nelson, le talon arrière, les ciseaux, le rouleau et la jument volante ; il essaya le style Westmorland et Cumberland, le col et le coude, le Cornish, la Grèce. Roman, scratch-comme-scratch-can et Ju-jitsu Rien à faire Puis, dans un dernier effort désespéré, il essaya de le charger sur le dos et de lui arracher la peau avec ses dents.

"Mais le vieux char a poussé un 'au revoir' avec ses gaz d'échappement et est parti en grondant comme si de rien n'était, rien du tout. Je n'ai jamais vu un tel air de surprise sur le visage d'un être vivant que celui de cet idiot. . Il s'est effondré sur sa queue, a poussé un sifflement et a roulé sur un cœur brisé.

"Est-ce que c'est la fin ?" » s'enquit Albert Edward.

"C'est vrai", a déclaré Monk; "et si vous sortez et regardez à moitié droit, vous verrez M. O'Dwyer en deuil, tous habillés de sacs, de cendres et de rosaces *de crêpe* , lunaire sur le défunt comme un dingo sur un tas de cendres."

PEINTURE DE GUERRE XVI

Après sept jours de présence du 53e Lanciers dans les tranchées, période pendant laquelle les Boches les haïssaient sans cesse avec des coups de sifflet, des lacrymogènes, des tireurs d'élite, des caisses à charbon, des grenades à main et à fusil, des fusils à ressort, des batteries de fusils, des mitrailleuses. , feu de gaz et de liquide ; et quelque chose de céleste a coulé tellement que la ligne de front a donné une imitation boueuse du Grand Canal de Venise - l'infanterie les a relevés et ils sont sortis sans ressembler à rien sur terre.

Ils ont été conduits dans une ancienne usine de teinture, bouillis, quatorze ans dans une cuve, munis de sous-vêtements de rechange et conduits vers des cantonnements.

Le 53e étant un régiment intelligent, ils avaient vingt-quatre heures pour se lécher et se polir comme les étoiles du firmament pour avoir de l'éclat, ou ne jamais en entendre parler.

Au bout de vingt-quatre heures, ils défilèrent de nouveau, selon les ordres, et les étoiles du firmament coururent aussi.

À midi le même jour, le groupe partant en congé de Blighty a été présenté pour inspection par l'officier d'ordonnance.

En attendant l'arrivée de l'OO, le sergent-major régimentaire leur donne un premier aperçu.

Ils étaient habillés par la droite à la file, le torse jeté en l'air, le visage luisant de savon et rose à cause du rasoir. Chaque insigne, boucle et bouton scintillait comme un défi au soleil, chaque éperon brillait comme une barre d'argent, leur cuir brillait de la fleur polie d'une prune, leurs puttes et leurs tuniques étaient sans tache ni défaut, chaque casquette légèrement inclinée sur chaque oreille droite. C'étaient des hommes intelligents d'un régiment intelligent, qui se vantaient d'avoir vécu et mort de manière brillante.

Le RSM les parcourut d'un œil gris et rusé. A la sixième file en partant de la droite, il s'arrêta, chancela, pâlit et fondit en larmes.

Le régiment fut déshonoré, le nom glorieusement conquis par de fringantes générations de cavaliers légers disparut à jamais. Voici un Cinquante-troisième proposant de rentrer chez lui et de flâner en Angleterre pratiquement nu. Couverture, couverture, blanc. Ô Seigneur! Le sixième dossier est devenu vert pois sous son bronzage, il a instinctivement tâté le bouton de sa poche supérieure gauche et l'a refermé.

Le RSM a continué son chemin le long de la ligne, frappant sévèrement ses jambières avec son fouet et tremblant d'émotion. Dix dossiers plus loin, il trouva un grain de cirage pour laiton caché derrière un crochet de ceinture et ne s'attendait pas à y survivre.

Le seizième dossier l'effaça avec un mouchoir en tremblant de partout.

L'OO entra en scène, les inspecta avec un gonflement de fierté resserrant sa tunique, trouva par principe quelques défauts et leur ordonna de partir.

Le RSM les escorta jusqu'à la route, les congédia avec sa bénédiction, les adjurant d'être de bons petits garçons en général, et de rendre hommage à un publicain près de l'Eléphant et du Château s'ils passaient par là.

À 14 heures, ils se sont arrêtés à la gare ferroviaire avec les chants des mille et une unités qui composent le BEF.

À 3 heures du matin, ils descendirent du train dans le coffre-fort faiblement éclairé de Victoria. Alors qu'ils franchissaient les portes d'un pas lourd, un petit homme, vêtu de vêtements carrés et avec un accent qui tintait comme un banjo, s'ennuyait dans la foule.

Il laissa passer sans encombre quelques escouades d'infanterie de ligne couvertes de boue, jeta un coup d'œil rapide sur un lot d'artilleurs détrempés par la pluie, puis son œil brillant aperçut les boutons les plus brillants du Cinquante-Troisième et il fondit sur eux, enfonçant des cartons dans chaque main. Le seizième file s'arrêta avec son copain sous une lampe et lut sa carte.

Cela s'est déroulé comme suit :

DÉPARTEMENT D'APPROVISIONNEMENT DE NOS HÉROS.

Regardez la pièce et faites croire à vos fils de guerre à la maison.

Mettez-vous entre nos mains et regardez les filles se rassembler

rond.

LISTE DES FRAIS

Mud-spray (boue brevetée qui adhère pendant cinq jours) 1s.

Trous de balle (perforés dans une casquette ou une tunique) 3d. chaque.

Taches de sang (indélébiles) 6d.

Livre de prières (avec puce intégrée) 2s. 6.

Nous disposons également d'un stock important de souvenirs: fragments de coquillages,

balles, casquettes allemandes, casques, etc., à charges modérées.

Appelez-nous et voyez-nous dès maintenant. Dépôt juste à côté.

Le seizième file regarda son copain, tripotant sa carte avec inquiétude. "Eh bien, Bob, qu'en dis-tu ? Ma fille est très difficile à convaincre."

"Je suis avec toi", dit son ami. "Mère est aussi une vraie terreur."

Ils poursuivirent le petit homme.

Un quart d'heure plus tard, on aurait pu les voir redescendre la rue Victoria sans ressembler à rien sur terre.

XVII

LE PINCEMENT DE LA GUERRE

Je l'ai croisé au bord de la tourbière. Il se tenait devant une cabane blanchie à la chaux, regardant fixement le monde brun.

Un mec noir comme du charbon pendait vide et de bas en haut à sa bouche plissée, une casquette frisée froissée était dangereusement en équilibre au sommet d'une frange de cheveux blancs. Sa silhouette pleine, recouverte d'un gilet de velours usé, était poussée en avant comme pour défier le destin de lui porter un autre coup.

En ce moment, il servait de griffoir à un gros bouc blanc, qui se frottait luxueusement contre ses jambes écartées. Au bruit des sabots de mon cheval, il tourna la tête. A la vue de mon uniforme, ses yeux s'éclairèrent, il sortit une main cochonne d'une poche de velours côtelé et fit une parodie de salut envers sa casquette, qui faillit perdre l'équilibre.

"Hé ! Bonne journée, Capitaine !" (Je suis sous-lieutenant, mais en Irlande, chaque caporal-adjoint a des matraques visionnaires sur ses bretelles.)

J'ai répondu convenablement, j'ai convenu que le temps était beau pour la seconde et j'ai cru que si nous étions bons, nous pourrions en avoir une heure.

"Comment ça se passe avec la guerre ce matin, votre honneur ?"

J'ai répondu que, à ma connaissance, il était toujours là, qu'il avait passé une nuit tranquille et qu'il se portait bien, merci.

"Avez-vous déjà été au Front, Capitaine ?"

J'ai hoché la tête et ses yeux ont brillé.

"Begob ! — alors c'est toi qui as de la chance. Attends que je te le dise une minute. Je souhaite ensuite être tous les saints bénis dont j'avais vingt ans de moins, c'est moi qui serais le premier après ces Allemands du jour — je le feraient bien, les sales et destructeurs blagyards ! Dites-moi maintenant, cher capitaine, en avez-vous déjà tué un seul ?

Il s'accrocha à ma réponse à tel point que le blanc arracha un lambeau de son manteau de toile et le mangea sans le réprimander.

J'ai hoché la tête. "Je ne sais pas, je ne peux pas le dire."

"Oh, bien sûr, non ! Que voudrait un grand gentleman comme vous avec un travail aussi sale ? C'est un travail de simple soldat, c'est vrai. Mais j'étais moi-même de vingt ans plus jeune, ce serait un travail que je prendrais beaucoup de plaisir. En le faisant, je prendrais un grand plaisir à atterrir sur ces blagyards avec une rondelle avec un filet à baïonnette qui laisserait passer la lumière du jour. J'aurais beaucoup de courage et de plaisir dans une guerre avec des gens comme eux. , c'est la sainte vérité, les sales diables destructeurs et meurtriers, Arragh !

Il brandit un poing crasseux en direction générale de l'Amérique, et le Billy, sans être dérangé, leva le bras et mangea un autre ruban de son manteau.

"Je vous demande pardon, mais votre honneur reviendra-t-il à la guerre ?"

J'ai dit que je l'espérais un jour.

"Écoutez, alors, j'aimerais que vous tuiez un Allemand, deux Allemands, vous m'entendez maintenant ? Deux Allemands, je vous le souhaite."

De nouveau, il leva un poing tremblant et, de nouveau, le bougre, ne craignant rien, lui effleura le dos.

"Merci, c'est très gentil de votre part", dis-je. "Je m'en souviendrai. Bonne journée."

"Bonjour, et Dieu sauve votre honneur !"

Puis, avec un immense élan de générosité, il m'a promu de deux rangs à la fois et a souhaité à nouveau.

« Colonel, » dit-il solennellement, bien que tremblant de passion, « je vous souhaite ensuite trois, dix, *quinze* Allemands !

"Merci", répétai-je, et je repris les rênes, me demandant si une tragédie avait assombri la tourbière ce matin-là, si un garçon aux yeux gris et aux cheveux noirs ne reviendrait plus des Flandres dans cette cabane blanchie à la chaux.

Tandis que je me retournais, une jeune fille au châle passa la tête par le linteau de la porte et me sourit.

« Och, ma foi, ne faites pas attention à grand-mère, votre honneur ; lui-même était en ville ce matin, et ils ont payé le prix du port sur lui pour un centime. fou comme les Sixvinteen Divils ! »

XVIII

LA MASCOTTE RÉGIMENTAIRE

Lorsque Son Honneur le colonel a emmené le régiment en France, elle est rentrée chez elle avec la mascotte du régiment. C'était un gros bouc blanc à poil long, pareil.

"Je ne veux pas le laver à la journée", dit-elle; "Ce n'est pas du tout sa place pour un animal domestique, le langage qu'utilisent ces petits batteurs, la chère le sait", dit-elle.

Alors, ma mascotte de Bowld, il s'arrête au château et libère les parterres de fleurs, le hall, le salon et les domestiques comme il serait le seigneur-lieutenant du pays, et pas un simple Chèvre Angory humaine ordinaire. C'est une fière créature arrigente, soyez les pouvoirs ! Vous marchez avec autant de dédain qu'une fille de Dublin à Ballydehob, et si, peut-être, vous lui demandiez de quitter vos parterres de fleurs avec la couleur de la colère dans la bouche, il laisserait échapper un rugissement comme un Sligo. Piper avec le poteen pris, et je vais te chercher un skelp avec ses cornes qui te laisserait pour mort.

Et désolé, ça sert à rien de se plaindre à elle-même.

« Ah, Delaney, c'est l'esprit du maréchal qui est en lui », disait-elle ; « nous devons être patients avec lui pour le bien du régiment hibou » ; et avec ça, elle commencerait à le nourrir à la main avec une génoise réchauffée et à jouer avec ses longs cheveux soyeux.

"Loin de moi," dis-je à Mikeen, le troupeau, "de remettre en question le fonctionnement de la Providence, mais si j'étais colonel d'un régiment, ce que je ne suis pas, et que je devais avoir une mascotte, ce n'est pas un raparee. Billy, j'aimerais bien l'avoir, mais une nounou, ou peut-être une vache, qui accompagnerait avec élégance le régiment et vous porterait chance, et donnerait également une goutte de lait pour le thé des officiers, si ce sont de telles créatures. qui vous apportent fortune, puissé-je mourir paisiblement dans une maison pauvre", dis-je.

"Je suis avec vous", dit Mikeen en gémissant, il étant repéré comme un léopard avec des bleus à cause de sa nécessité de peigner les cheveux soyeux de la mascotte deux fois par jour et du caractère vif de l'arroseur face aux enchevêtrements.

Pendant tout un été, le Billy s'arrête au château, cambrant son cou devant le monde et devenant de plus en plus fier à cause de la position qu'il avait avec le régiment des hiboux et de la haute alimentation qu'il recevait d'elle-même.

Ma foi, c'est un grand plaisir pour nous, les serviteurs, de lui, je vous le dis ! C'était tout ce que valait votre sang pour croiser son chemin dans le jardin, et si les domestiques voulaient le rencontrer dans la maison, elles le laisseraient manger leurs robes avant d'oser dire un mot.

En automne, la mascotte Me Bowld devient un peu puissante grâce à la forte alimentation et à la nature naturelle de la créature. Elle-même, avec son nez de dame iligante, le remarque ensuite, et elle envoie des filles pour nous dire, à moi et à Mikeen, de laver le badigeon.

"Il y aura un meurtre aujourd'hui", dis-je au garçon, "mais c'est l'ordre. Va chercher la corde de charrette et la chaîne du bouledogue, et nous le ferons. Ma foi, ce n'est pas tout. bravoure qu'il y a au Front", dis-je.

"C'est ça le vrai problème", dit-il en frottant les bosses sur ses tibias, le pauvre garçon.

"Oh, Delaney", dit la petite domestique en sortant une bouteille de la poche de son tablier. "Elle-même dit que vous serez assez obligeants pour asperger la mascotte d'une goutte de ce parfum d'ody-koloney - peut-être que cela étouffera sa puissance, dit-elle."

J'ai mis la bouteille dans ma poche. Nous avons fait trébucher mon brave bouc avec la corde, avons récupéré le collier et la chaîne du taureau et l'avons traîné vers l'étang, il se déchaînait et faisait rage entre nous comme une dame de Tyrone Street dans les bras de la poliss. Entendre les rugissements qu'il laissait échapper rendrait vos cœurs aussi froids que du plomb, mais nous avons tenu bon.

Les saints étaient avec nous ; en une demi-heure, nous l'avons rendu mouillé comme une anguille et nous avons cassé la bouteille d'ody-koloney sur son dos.

Il était fou de clan. "Dieu nous sauvera tous quand il lui enlèvera cette chaîne !" Je dis. "Dieu nous garde, c'est vrai !" dit Mikeen, cherchant autour de lui un arbre pour briller.

Juste à la minute où nous avons entendu un grand cri de chiens, et à travers la clôture arrive la meute de busards que les officiers de réserve gardaient dans le camp au-delà. ("Harriers", ils les appelaient, mais, bon sang ! Il n'y avait rien qu'ils ne chasseraient pas, du renard à la dinde, ceux-là.)

"Qu'est-ce qu'ils poursuivent après ?" dit Mikeen.

"C'est un cerf aujourd'hui, disent les journaux", dis-je, "mais ce cher sait qu'ils ne l'attraperont pas ce mois-ci, il doit être parti d'ici une demi-heure, et le souffle vient d'eux, leurs langues je traîne dans un jardin", dis-je.

C'est à ce moment-là que les Saints Bienheureux m'ont donné la sagesse.

"Mikeen", dis-je, "traînez la mascotte devant eux ; nous verrons du sport ce jour."

"Elle-même———" commence-t-il.

"Hoult, tu veux", dis-je, "et viens." Sur ce, nous avons traîné ma chèvre devant les chiens et lâché la chaîne.

Les chiens reniflèrent la forte explosion d'ody-koloney et laissèrent échapper un miaulement comme toutes les banshees de la nation irlandaise, et le billy s'en sortit pour sauver sa vie - c'est peu de faute pour lui !

Mikeen et moi-même avons grimpé un doublé pour voir le sport.

"Ils l'ont", dit Mikeen. "Ils ne l'ont pas fait", dis-je; "la créature les hurle de deux longueurs."

"Il a doublé leur mise", déclare Mikeen ; "il est aussi rusé qu'un juif."

"Il est hors des terriers de lapin maintenant", dis-je. "Je remercie les saints qu'il ne peut pas creuser."

"Il a trébuché, ils l'ont aboyé", dit Mikeen.

Et c'était la vérité mortelle, les chiens l'avaient.

Oh, mais c'était un bold Billy ! Il est entré parmi ces chiens comme un garçon à une foire, on pouvait entendre ses cornes frapper leurs côtes à un kilomètre et demi. Mais ils étaient trop nombreux pour lui et lui arrachèrent à pleines bouchées ses grands cheveux soyeux. À la façon dont il volait, on aurait pu croire que c'était une tempête de neige.

"Ils l'ont détruit", dit Mikeen.

"Ils l'ont fait", dis-je, "Dieu soit loué !"

En ce moment, le chasseur fait un bond en avant avec sa harpe à côté de nous ; il était aspergé de boue depuis ses cheveux jusqu'à ses bottes.

"Qu'est-ce qu'ils ont là-bas ?" dit-il en clignant des yeux dans la boue et ne sachant pas bien ce que ses chiens couraient devant lui, si ce serait un cerf ou un tigre du Bengale.

« C'est la chèvre mascotte impériale de Rile de Sa Seigneurie », dis-je ; "et que Dieu garde votre honneur, car elle aura votre sang dans une bouteille pour le travail d'aujourd'hui."

Le chasseur lâche un juron de son tronc et les poursuit, à plat sur sa selle, les deux éperons déchirés. En un clin d'œil, il se retrouve au milieu des chiens, les larrupant avec son fouet et leur lançant des malédictions qui vous flétriraient à l'entendre - il avait une grande éducation, cet officier.

"Viens maintenant", dis-je à Mikeen, le pauvre garçon, "laisse toi et moi ramener le cadavre froid du malade à elle-même, peut-être qu'elle aura un shillin à portée de main dans sa main, comme elle nous récompenserait. pour avoir sauvé le corps des chiens", dis-je.

Mais ma mascotte Bowld était-elle morte ? Il netait pas. Il était bel et bien vivant, l'épaisseur de sa laine l'avait sauvé. Il ne lui restait pourtant pas un cheveu, et lorsqu'il se tenait devant vous, vous ne le reconnaissiez pas ; il était si ordinaire sans sa toison, il n'était qu'une vulgaire chèvre de pauvre, il n'était pas plus beau qu'un lapin écorché, et c'est la vérité.

Il est rentré chez lui avec moi et Mikeen, aussi doux qu'une jeune fille.

Elle-même est sortie en courant, toute agitée, pour le regarder.

"Ah, mais ce n'est pas ma mascotte", dit-elle.

« C'est vrai, Marm », dis-je ; et je l'ai juré par tout le Calendrier – Mikeen aussi.

"Bah! Comme c'est dégoûtant. Emmenez-le à l'étable", dit-elle, et elle entra sans un autre mot.

Nous avons emmené le Billy, il baissait la tête de honte de sa nudité.

"Vous ne ferez plus de mascotte d'Avic", lui dis-je. "Sorra, quelle chance tu apporterais à un mendiant aveugle tel que tu es maintenant - tu ne marcheras plus jamais avec les tambours et les tambourins."

Et c'était le vrai mot, car bien qu'elle-même ait demandé à Mikeen de le frotter quotidiennement avec de la graisse d'ours et de la lotion capillaire, il n'a plus jamais repoussé la même grande toison, et il restait debout dans le champ arrière, à ruminer pendant des heures ensemble, le clan du diable s'éloignait. de son système; et si, peut-être, vous dessiniez le trait d'un frêne sur ses côtes pour le réconforter, il se contenterait de vous regarder d'un air triste et ne ferait aucune remarque.

VÉGÉTATION XIX GUERRE

C'est sa dame au château qui a la guerre à cœur ; ce n'est pas une question de rire avec elle.

Elle est revenue d'Angleterre avec les plus grandes idées modernes pour mener la guerre dans une maison que vous ayez jamais vue, et avec une femme de chambre étrangère qu'elle avait engagée à Londres.

« Elle est une pauvre refuge belge, Delaney », se dit-elle. "Dans la maison où elle se lave après avoir lavé, il ne reste rien d'autre que la cave à vin et celle pleine de Huns allemands - elle est encore mouillée et pleure", dit-elle ; "Alors soyez gentil avec elle, car nous devons aider nos courageux Alliés."

Alors le refuge belge entre dans le château et devient femme de chambre. C'est aussi une belle et honnête collégienne, du même coup, avec des notions vestimentaires qui rendaient méprisants et jaloux tous les filles de la campagne, et un chapeau sur la tête qui était comme une serre pour les fleurs qui était dans il. Mais son travail de guerre s'est-il arrêté à l'adoption de notre courageuse Alice ? Il n'a pas. Elle a donné aux jeunes filles de la haute noblesse une puissante organisation, et elles seraient à Ballydrogeen tous les jours de la semaine pour vendre du Frinch, de l'Eyetalian, du Rooshan et des drapeaux du Japon et gagner de l'argent. à cela. Les gars qui viendraient à la foire de Ballydrogeen pour gifler un peu un cochon, et peut-être goûter un tageen avec le penny, se couvriraient en rentrant chez eux dans le chariot à cul, cochon et tout, sobres comme des pierres et des drapeaux épais recouverts de plâtre, comme on pourrait penser qu'ils seraient le bateau gagnant à la régate de Galway. Car c'est un boulevard Bouchal qui tiendra tête aux jeunes dames de la haute noblesse lorsqu'elles porteront leurs plus belles robes et qui caracolera devant vous, les sourires et les bavardages coulant d'elles comme du sirop d'or, avec leur " Oh, Mickey, comment va ton cher bébé chéri ? N'as-tu pas le moindre petit shillin pour moi, mince ? ou leur "Bonjour à toi, Terry Ryan; je suis tout amoureux de ce poulain bai que tu as, et je vais pester mon père dans sa tombe jusqu'à ce qu'il l'achète pour moi. N'auras-tu pas un petit drapeau insignifiant" de moi, Terry Ryan ?

Mais son travail de guerre s'est-il arrêté à la vente de drapeaux ? Il n'a pas. Un matin matin, elle descend dans le jardin aussi élégante qu'un champion de hackney, tenant ses jupes hautes hors de l'humidité.

"C'est toi, Delaney ?" dit-elle.

"C'est vrai, Votre Seigneurie", dis-je en rampant derrière le swate paye.

"Écoutez-moi", dit-elle. "Ces fleurs ne sont qu'un luxe de nos jours. Je n'aurai rien d'autre que des objets de guerre dans mon jardin."

Je dis : "Je vous demande pardon, mais qu'est-ce qu'ils peuvent être ?" Elle resta perplexe pendant un moment et resta là à se gratter l'oreille, comme on pourrait dire.

"Oh, ce sont des vigitables ordinaires, cultivés uniquement dans des conditions de guerre", dit-elle enfin. "De toute façon, je n'aurai pas de fleurs, alors détruis-les entièrement et fais pousser des vigitables à leur place, tu comprends ?" dit-elle.

"Oui, Votre Seigneurie", dis-je.

Je rentre pour prévenir Anne Toher, la cuisinière. « Elle-même est favorable à la destruction complète des fleurs et à la plantation d'objets de guerre », dis-je.

"Et puis, qu'est-ce qu'ils peuvent être ?" dit la femme.

"Les mêmes que les vigitables ordinaires, cultivés uniquement dans des conditions de guerre", dis-je. "Ivvry spud fait son devoir, ivvry panais a du mal à être deux. Nous aurons des carottes et des oignons dans mon lit tordu jusqu'à la porte d'entrée, Frinch. des haricots se dressent partout sur le porche. Vous sortirez de la cuisine et vous les rassemblerez vous-même pour le dîner ; ce sera une grande économie de travail, dis-je.

"Et qu'est-ce que tu vas faire pour les décorations de table quand le gintry viendra t'appeler ?" dit Anne Toher.

"Ma foi," dis-je, "c'est facile; je vais juste mettre un livre de choux de serre dans les vases, et si, peut-être, le colonel revenait à la maison sur lave et devait hacher un bouquet pour coller dans son manteau, dis-je, je lui donnerai un beau brin de persil, dis-je.

« Pauvre homme, » dit-elle, « cela va aigrir votre cœur. » Ah ! C'était le vrai mot, c'était comme m'arracher le sang de mon cœur par les racines pour détruire ces fleurs ; mais il fallait le faire. La guerre est la guerre.

En juin, le jardin n'était plus qu'un lieu de vigitabilité, et une touche de couleur divine pour attirer votre attention était là, peu importe combien de temps vous regardiez.

Un jour, je suis dans la cour, pour voir si, peut-être, Anne Toher aurait le goût d'être dans le pot, moi-même ayant une soif sur moi qui affronterait le Shannon à force de la houe que j'étais après avoir fait " dans les plantations de patates, quand la femme sort la tête du vent de la cuisine. "Whist, Delaney", dit-elle, "il y a du gintry pour déjeuner", dit-elle.

« Quoi, Gintry ? » dis-je.

« Sir Patrick Freebody, ô Michaelstown », dit-elle, et à cela mon sang s'est
refroidi.

Sir Patrick Freebody possédait à Michaelstown le plus grand jardin que l'on
puisse voir dans la nation irlandaise, et un de mes cousins, John O'Callaghan,
était son jardinier. Il n'y avait pas non plus d'amour entre nous, du même
coup. Je réveillerais aussi vite John O'Callaghan que le Diable, et c'est la vérité
mortelle, même s'il était mon cousin.

Je savais que j'en serais aussi sûr que j'étais vivant dans ce monde. Owld Sir
Pat déjeunait devant une planche nue, et quand il rentrait chez lui à
Michaelstown, il le dirait à John O'Callaghan, et je serais écorché à vif par les
moqueries et les blâmes du même John O' Callaghan m'aurait épousé.

"Whisper, quand vont-ils manger ?" dis-je à Anne Toher.

"Dans dix minutes, s'il vous plaît à Dieu, et les patates seront molles", dit-
elle.

"Begob", me dis-je, "je vais déposer des fleurs sur cette table ou me trancher
la gorge", et je me suis enfui, ne sachant pas où je le trouverais, pas à moins
de cinq miles. Mais je n'étais pas à mi-chemin des buissons de lauriers où les
Bienheureux m'envoyèrent de la lumière.

En six minutes, j'avais des fleurs dans le bol du milieu, et j'ai reculé derrière
les porte-chapeaux tandis qu'elle-même et la chouette Sir Pat sortaient du
salon et entraient déjeuner. J'ai posé mes yeux sur le trou et j'ai regardé, mon
cœur comme de l'eau entre mes dents.

Hibou Sir Pat, il marmonne et tousse et parle de la météo, de la guerre et du
recrutement.

Elle-même parle des protections de poitrine des soldats et de son travail de
guerre, et de la façon dont elle avait peur que le colonel soit assis au front
avec un sort humide.

Bientôt, le hibou remarque les fleurs dans le bol et les allées au-dessus de la
table, clignotant à travers ses lunettes, à sa manière à moitié aveugle.

" Vous avez là de jolies fleurs, Lady Nugent, des couleurs flamboyantes.
Comment faites-vous ? Maintenant, ce coquin de mon jardinier... " Il se rassit,
se racontant comment John O'Callaghan avait laissé son les chrysanthèmes
vont à la ruine avec le fléau. Sa Seigneurie regarde les fleurs d'un air pâle, ses
sourcils se lèvent, elle devient rouge comme un bateroot et se mord la lèvre,
mais ne dit rien. Que Dieu la bénisse! J'ai reculé, respirant à nouveau, mais à
minuit en bas des escaliers arrive notre courageuse Alice, le refuge belge,

toute mousseuse, bavardant comme une dinde dans la langue étrangère, et court droit vers la porte de la salle à manger. .

C'est une grâce que j'ai l'esprit vif ; J'ai abaissé l'épée dhress du colonel de l'endroit où elle était accrochée au mur et je l'ai dirigée vers elle, en l'agitant vers elle de la même manière que je lui ferais passer un coup sur sa trachée. Elle ne remontait pas les escaliers comme un lièvre variable parmi les rochers, pensant, peut-être, que les Huns allemands étaient de nouveau venus vers elle depuis la cave à vin.

Une heure plus tard, j'ai entendu la voiture de Sir Pat arriver devant la porte d'entrée, alors j'ai rengainé mon épée et je l'ai laissée sortir de sa chambre où elle s'était enfermée.

La fille a soulevé un fort shindy, et elle m'a forcé à lui acheter un nouveau chapeau avec mon salaire, voyant que son hibou était détruit à force de le tremper et de l'écraser dans le bol de fleurs ; mais désolé, je m'en fichais, car j'ai croisé John O'Callaghan à Michaelstown dimanche, et diable un mot a-t-il dit, mais il m'a regardé d'une manière qui a fait plaisir à mon cœur.

XX

UN CHANGEMENT DE DEVANT

Nous nous sommes endormis avec des plumes d'oie enneigées tourbillonnant contre les vitres de la voiture et nous nous sommes réveillés pour voir une mer de soie projetant des dentelles blanches le long d'une côte féerique d'un côté et des villas roses et jaunes nichées parmi des bosquets de palmiers et d'orangers de l'autre.

"Bien sûr, ce genre de chose n'arrive pas dans la vraie vie", dit Albert Edward en aplatissant sa trompe contre la vitre. "Soit tout n'est qu'un rêve, soit ces oranges s'allumeront soudainement ; George Grossmith, en topper et en guêtres, trébuchera du côté OP ; les filles fleuriront de chaque paume, et tous les rangs s'occuperont de chants et de caracoles - tra -la-la!"

Le bébé enleva ses couvertures et s'assit. "Rien de tout cela. Nous sommes arrivés dans la célèbre Italie, c'est tout. La capitale : Rome. Les exportations : maîtres anciens, chianti et orgues de Barbarie. Elle fait face au sud et est chauffée centralement par le Vésuve."

Nous nous dirigeâmes vers une gare dont les côtés étaient décorés d'affiches : « Bonne santé à l'Angleterre », « Bonne chance à Tommy », et nous nous arrêtâmes dans une gare ornée de drapeaux, sur le quai de laquelle se trouvait une députation de souriants. des signorinas qui ont offert aux Atkins des cartes postales, des fruits et des cigarettes, et à nous des fleurs.

"Très *bien* , hein, quoi ?" dit le Bébé alors que le train reprenait ses grondements. "J'aimerais quand même que nous puissions les remercier gentiment et leur dire à quel point nous sommes heureux d'être venus. Quelqu'un s'occupe-t-il de la conversation ?"

Albert Edward pensait que oui. "Quand j'étais enfant, je rédigeais beaucoup de littérature italienne ; des trucs militaires techniques sur les divisions de la Gaule par un certain J. César."

"Trop technique pour un usage quotidien", objectai-je. "Une personne appelée D'Annunzio est leur best-seller maintenant, je crois."

"Quelqu'un ferait mieux de descendre du bus au prochain arrêt et d'acheter un livre de mots", a déclaré le Bébé.

À l'arrêt suivant, j'ai esquivé la députation et j'ai acheté un livre de phrases avec un Union Jack sur la couverture, intitulé *Le soldat anglais en Italie* , publié à Milan.

Parmi les termes militaires, regroupés sous le titre de « Guerre Mondiale », une *garetta* (guérite) est définie comme « une boîte de montre », et le mitrailleur sera surpris de se voir décrit comme « un mitrailleur ». Il propose également de courtes conversations pour un usage courant.

"Avez-vous des papiers anglais ?"

"Oui, monsieur, il y a *le Times* et *Tit-Bits* ."

(Est-il possible que le pays de Virgile, d'Horace et de Dante ne connaisse pas *le Daily Mail* ?)

"Donnez-moi, s'il vous plaît, beaucoup de biscuits."

"Non, monsieur, nous n'avons pas de biscuits ; leur fabrication a été évitée par le gouvernement."

"Garçon, montrez-moi un bon lit où l'on puisse dormir tranquillement."

Dans le train :-

"Dickens ! J'ai perdu mon billet."

"Hélas, vous paierez le prix d'un autre."

Une veine plaisante est recommandée avec les chauffeurs de taxi : -

"Cocher, es-tu libre ?"

"Oui Monsieur."

"Alors vive la liberté."

De très jeunes subalternes aux idées romantiques peuvent gaspiller de l'argent en livres de phrases étrangers et se retrouver mêlés à des enchevêtrements internationaux désespérés, mais pas le vieux Atkins. Le soldat anglais en Italie parlera ce qu'il a toujours dit avec succès à Poperinghe, Amiens, Le Caire, Salonique, Dar-es-Salaam, Bagdad et Jérusalem, à savoir l'anglais.

Mais revenons à notre train. A la tombée de la nuit, nous avons laissé derrière nous la côte des fées, ses *signorinas souriantes* , ses drapeaux, ses fleurs et ses fruits, et avons envahi un amoncellement de paysages perpendiculaires d'été en hiver. Au cours d'une halte au milieu des neiges au clair de lune, la portière de notre voiture s'ouvrit et nous vîmes dehors un officier italien qui nous salua et nous fit une démonstration de sa langue maternelle à tir rapide.

"Il fait référence à nous", dit le Bébé. "Répondez-lui, quelqu'un ; dites-lui que nous sommes de son côté et tout ça."

" *Viva l'Italia* ", s'exclama promptement William.

L'Italien a répliqué avec un "Viva l'Inghilterra" et a poursuivi son monologue.

"On dirait vouloir quelque chose", dit Albert Edward. "Je me demande si César est trop technique pour lui."

"Lisez-lui quelque chose du *Soldat anglais en Italie* ", suggérai-je.

Le Bébé feuilletait fébrilement le manuel. « Entrons ; le gardien a déjà crié » - Non, cela ne suffit pas. « Donnez-moi un billet aller-retour, s'il vous plaît » - Cela ne suffit pas non plus. « Oui, j'ai une malle et un sac-tapis'-Oh, c'est absurde. " Il jeta le livre loin de lui.

À ce moment-là, le moteur a hurlé, les camions ont donné un premier coup et ont commencé à avancer à vive allure. L'Italien sauta sur le marchepied et, s'accrochant à la rampe, continua de déclamer avec émotion à travers la fenêtre. William s'alarma. " Ce type a quelque chose en tête. Peut-être qu'il essaie de nous dire qu'un pont a sauté, ou que le train roule sans ordre de mouvement, ou que le chauffeur est ivre. Pour l'amour du ciel, que quelqu'un fasse quelque chose, vite ! "

Là-dessus, Babel se déchaîna, chacun de nous, dans sa panique, s'enflammant dans la langue étrangère qui lui venait le plus facilement.

William a demandé un bain en arabe. Le Bébé a demandé du champagne en français. Albert Edward a refusé *mensa* , tandis que moi, par le plus heureux des hasards, j'ai frappé une langue que l'Italien a reconnue avec un cri de joie. En un instant, les explications furent terminées et je l'avais fait monter dans la voiture et claqué la porte.

Le nouveau venu était lieutenant d'artillerie de montagne. Il revenait de congé, s'était confié aux soins d'un officier des transports ferroviaires, avait en conséquence raté tous les trains réguliers et voulait être emmené au prochain carrefour. C'était tout. Je me suis ensuite mis à le mettre aussi à l'aise que possible, en l'enveloppant dans l'une des couvertures du Babe et en lui donnant son premier verre de whisky tiré du William's First Field Dressing. Les larmes coulant sur ses joues, il exprima son admiration pour la boisson nationale britannique.

En échange, il m'a fait découvrir la fumée nationale italienne, un cigare sans fin à aspirer avec une paille. Entre de violents spasmes, j'implorai le nom et l'adresse du créateur. Nous étions tous les deux de parfaits gentlemen.

Nous avons alors bavardé sur la guerre ; lui se vantait des formidables épaisseurs de neige dans lesquelles il combattait, tandis que je me vantais de la boue des Flandres. Nous nous sommes cassés même lors de ce combat. Il a gagné un peu sur les batteries de montagne, mais j'ai tout récupéré, et plus encore, sur les chars. Il n'en avait jamais vu, alors je l'ai fait à ma manière. Nos tanks, une fois que j'en ai fini avec eux, pouvaient faire à peu près tout sauf tricoter.

Défait sur le terrain, il est retourné chez lui à Rome pour se vanter. Je devrais voir Saint-Pierre, dit-il. C'était magnifique et les trésors de l'art romain étaient insurpassables.

J'ai répondu que notre cathédrale de Westminster était beaucoup plus récente et que les œuvres d'art conservées dans notre entrepôt frigorifique national avaient coûté en moyenne 5 473 £ 19 shillings. 154d. par pied carré. Pourrait-il le battre ?

Cela le fit perdre son rythme pendant un moment, mais il se débattit avec une remarque sur le fait de voir son Colisée au clair de lune.

J'ai répondu que chez nous nous avions de la lumière électrique moderne, Murphy et Mack, Vesta Tilley et le Bioscope.

Je ne sais s'il s'en serait remis, car à ce moment les lumières du carrefour clignotaient aux fenêtres givrées et il partit, promettant d'abord de passer à notre mess et de souffrir encore un peu de whisky si en retour je le voulais. grimpez sur sa montagne et rencontrez les chamois et les edelweiss.

Plus tard, alors que je préparais mon lit pour la nuit, Albert Edward sortit la tête du cocon de couvertures de cheval dans lequel il s'était enroulé.

"Au fait, quel jargon impie étiez-vous et cet Italien en train de mâcher ensemble de manière si sociable ?"

"Allemand", murmurai-je; "Mais pour l'amour du Seigneur, ne le dites à personne."

XXI

ANTONIO GIUSEPPE

Notre escadron est actuellement cantonné dans ce que les agents de la maison décriraient comme une « propriété unique du vieux monde », un immeuble délabré qui ressemble à un palais du sud et à un atelier du nord.

Il a commencé sa carrière, il y a longtemps, en tant que bungalow de week-end glorifié pour les Doges. Au fil du temps, c'est devenu un monastère.

Lorsque les moines pieux ont pris le relais, ils se sont occupés du badigeonnage et ont effacé la plupart des décorations murales sportives des Doges. La plupart, mais pas tous.

Il me semble que l'Abbé avait parcouru les boulevards dans sa jeunesse et qu'il a épargné certains des endroits les plus brillants des fresques les plus sportives en souvenir des temps anciens et pour garder le cœur en forme pendant le Carême. De toute façon, ils sont toujours là.

Aujourd'hui, nos camarades au visage long se nourrissent dans les cloîtres où autrefois les bons moines racontaient leur chapelet, et nos audacieux sergents sirotent leurs toniques sous un plafond peint sur lequel des satyres de Rackham sont représentés en train de s'amuser avec des nymphes de Kirchner à travers un paysage de Leader.

Une petite partie d'une immense aile est habitée par une dame réfugiée, qui s'était retirée en bon ordre, entraînant avec elle toute la ménagerie, veaux, poules, enfants, âne, cochon pie et tout.

Lorsque nous sommes arrivés ici pour la première fois, nous avons entendu d'étranges bruissements et traînements nocturnes au-dessus de nos têtes, là où il ne devrait pas y en avoir, et nous les avons attribués au fantôme de l'abbé, qui était revenu du purgatoire avec un seau de chaux et s'efforçait de laver ses anciennes erreurs. . Plus tard, nous avons découvert que c'étaient les veaux qui, pour des raisons impénétrables, préféraient vivre dans les greniers. Comment Mme Réfugiée les a hissés là-haut en premier lieu et comment elle propose de les redescendre lorsqu'ils mûrissent sont des questions auxquelles elle seule peut répondre, mais elle ne le fera jamais parce que nous n'avons pas assez d'italien à lui poser.

Le cochon pie est entièrement financé par des contributions volontaires et, comme beaucoup d'autres institutions similaires, jeûne fréquemment. Lorsqu'il se retira ici, il n'y avait aucune étable pour l'héberger ; mais Mme Réfugiée, avec l'originalité pratique qui la distingue, a déniché quelque part un chenil retiré et l'y a ancré. Cela a eu pour effet de créer en lui une double personnalité.

Parfois, il se prend pour un gros cochon, le vieux Dolce F. Niente, et il se comporte comme tel, et on peut le piétiner sans perturber son sommeil mélodieux. À d'autres moments, le collier et la chaîne le préoccupent et il s'imagine être Patrise Defensor, le fidèle chien de garde, et fauche tous les arrivants.

Les enfants et les poules se portent bien. Ils découvrent rapidement ce que d'innombrables oiseaux et enfants du monde entier avaient découvert avant eux, à savoir que la tourterelle est une bête sauvage comparée au guerrier britannique et à son cheval de guerre, et ils victimisent en conséquence ces créatures sans défense.

Le résultat est que les Atkins ne reçoivent que la partie de leurs rations que les enfants ont négligée, et que les poules ne donnent aux poilus que l'avoine avec laquelle ils ne peuvent pas s'en tirer.

Antonio Giuseppe l'âne était aussi un profiteur de guerre. Le commerce pouvait stagner, les armées s'affronter et lutter, les nations se vider de leur sang, il s'en fichait. « *Viva la guerra !* » dit Antonio Giuseppe. "Tant qu'il y a une unité britannique à portée de main avec laquelle dîner au restaurant, je suis tout à fait d'accord." Ces sentiments, bien que déplorables, n'étaient pas sans raison, car jusqu'à notre arrivée, je doute fort qu'il ait jamais mangé un repas complet – une véritable explosion de côtes – de sa vie.

C'était une misérable petite créature, mesurant environ un mètre de haut sur six pouces de large. En rentrant sa queue, il aurait pu passer pour un lapin à n'importe quel bal costumé. Son costume était un patchwork de touffes de poils et d'espaces nus. Je pense qu'il a dû être déposé dans un tiroir sans camphre à un moment donné et avoir été mutilé par un papillon de nuit.

Antonio Giuseppe, l'âne, était un personnage peu recommandable, mais il n'en avait pas moins du mal avec lui et était à son époque le champion des poids légers de toute l'Italie, probablement du monde.

La nuit, il dormait dans la cuisine avec Mme Réfugiée, les bambini et les poules. La journée qu'il a passée dans son poste d'observation, tapi derrière un écran de mûriers et de vignes, surveillant les chevaux.

Dès que leurs sacs à nez furent en place, il commença à se déplacer furtivement vers les lignes, se chronométrant pour arriver juste au moment où les sacs à nez se détachaient et les filets à foin montaient. Il se glissa alors doucement entre les chevaux et se servit. Étant petit et très discret, il passait souvent inaperçu, mais si le garde de ligne le remarquait, il avait son plan d'action.

J'ai souvent vu un soldat en sueur et blasphémateur poursuivre Antonio Giuseppe ailé autour des lignes avec un balai d'écurie ; mais quand le balai descendit, Antonio Giuseppe n'était pas là pour le recevoir. Il mordillait sous la corde de poitrine, se glissait sous le ventre d'un cheval et sortait entre les jambes d'un autre, esquivant à travers et autour des animaux étonnés comme un demi-arrière dans une mêlée lâche ou un cochon graissé dans une foire, arrachant un généreux contribution de chaque filet à foin au fur et à mesure de son passage. Grâce à cette méthode, Antonio prospérait et prospérait ; mais l'histoire des balais brisés ne cessait de grandir et l'intendant ne m'aimait pas.

Hier, le général a laissé entendre qu'il aimerait nous inspecter. Toujours désireux de rendre service, nous nous sommes léchés, polis, brossés et brunis, avons enduit nos cordes de tête, pommadé nos moustaches, poudré notre nez et avons défilé.

Aujourd'hui, nous avons défilé en colonne régimentaire dans un champ à l'ouest de notre atelier du palais et nous sommes restés raides sur nos selles, le soleil joyeux brillant sur le travail du cuir, scintillant sur le laiton et l'acier, conscients que nous pourrions donner une chance à n'importe quel chœur de beauté. son argent.

Il y eut une fanfaronade stridente de trompettes, sonnant le salut, et un éclat d'or et d'écarlate comme un coucher de soleil de Turner, éclata en vue : le général et son état-major.

Au même instant, Antonio Giuseppe nous aperçut depuis son poste d'observation et, se mettant en tête que nous étions en train de pique-niquer (c'était l'heure du déjeuner), s'empressa de nous rejoindre. Alors que le général atteignait l'escadron de tête, Antonio Giuseppe atteignit l'escadron le plus proche et, se glissant discrètement dans ses rangs, chercha les filets à foin.

Cependant, le commandant en second remarqua son arrivée et fit signe à son trompettiste. Le trompettiste se retourna et frappa Antonio Giuseppe dans l'arrière-train avec la pointe de son épée pour lui faire signe d'avancer. Antonio, pensant que les gardes de ligne étaient sur lui et avec un nouveau type de balai, poussa un cri d'agonie et commença aussitôt ses pitreries de chat dans le coin dans et autour des jambes des chevaux. Ils n'aimaient pas ça du tout ; cela les chatouillait et les bouleversait ; ils passèrent de l'horizontale à la verticale, rirent et piaffèrent dans l'air.

Les choses devenaient sérieuses. Un âne en lambeaux, jouant au "ring o' roses" avec un escadron de chevaux de guerre, les chatouillant jusqu'à les rendre hystériques, enlève de la majesté à de telles occasions et n'est pas un spectacle digne d'un général. Un deuxième trompettiste se joignit à la poursuite et frappa directement le nez d'Antonio Giuseppe alors qu'il plongeait sous la queue d'une jument canon plongeante. Antonio se retourna et s'enfuit vers l'escadron central, les oreilles tremblantes, braillant des SOS angoissés. Les deux trompettistes, jeunes et ardents garçons, tonnaient après lui, l'épée au combat, se précipitant genou contre genou pour le premier sang. Ils marquèrent simultanément sur le bout de sa queue, et Antonio, piqué au vif, tira net à travers (ou plutôt sous) l'escadron central dans les jambes du cheval du général, faisant trébucher cet animal majestueux et ramenant tout le majestueux édifice dans un état de chaos. une région particulièrement boueuse d'Italie.

Moment formidable et horrible ! Comme l'a exprimé mon palefrenier et compatriote : « Vous pouvez entendre le silence à des kilomètres à la ronde. » Le général ne l'a pas cassé. Je pense que sa bouche était trop pleine de boue et de dents desserrées pour pouvoir prononcer des mots. Il se leva lentement du limon comme un vieux morse traversant un lit d'algues noires comme la mort, la bave dégoulinant de ses moustaches, et boitait sinistrement hors du champ, suivi de son bâton pâle lui tendant des mouchoirs et des sels odorants. Mais je comprends qu'il s'est clairement exprimé lorsqu'il est rentré chez lui, et le résultat est que nous allons être mis à l'avant-garde de la bataille la plus méchante qui puisse nous être organisée.

Et Antonio Giuseppe l'âne, l'auteur de tous les ennuis, qu'en est-il de lui ? tu demandes.

Antonio Giuseppe l'âne ne sourira plus jamais, cher lecteur. Avec ses bords coupés et l'inscription « Bienvenue » gravée sur son dos, il peut servir de paillasson galeux à quelque maisonnette de banlieue, mais à l'heure actuelle, il repose dans la boue du terrain d'armes, aussi plat qu'une semelle sur le sable. -banque, attendant que quelqu'un l'enroule et l'emmène.

Quand un major-général rassasié tombe, il tombe lourdement.

XXII

"J'ESPIONNE"

J'ai mis ma tête dans le mess et j'ai découvert Albert Edward seul, en train de se tromper à Patience.

"Mon mandat de congé est arrivé et je pars !" dis-je. "Si Foch appelle, dites-lui qu'il devra se débrouiller seul pendant quinze jours. Bravo!"

« Bravo ! » dit Albert Edouard. "Saluez Nero, Borgia et tous les garçons."

Je lui fermai la porte et pris le chemin de Rome.

Arrivé là, je tentai de jeter une carte sur le pape, mais je fus repoussé par une hallardier déguisée ; visité les catacombes (d'ailleurs, dans l'art des catacombes, nous, pêcheurs des derniers jours, n'avons rien à apprendre des premiers saints. Eh bien, à Arras en 1917, nous... Oh, eh bien, tant pis maintenant !) ; a gardé un visage solennel pendant que les groupes entonnaient solennellement Tipperary (sous l'impression que c'était l'hymne national britannique) ; a acheté un boisseau de broches en mosaïque et plusieurs millions de cartes postales illustrées et a joué le rôle du parfait petit voyageur tout au long.

Puis un jour, alors que je montais dans l'ascenseur d'un hôtel, je suis tombé sur Wilfrid Wilcox Wilbur, qui s'avançait.

Vous avez tous lu les œuvres de Wilfrid Wilcox Wilbur (*Passion Flowers* , *Purple Patches* , etc. Boost et Boom. 6s.) ; si ce n'est pas le cas, vous devriez le faire, car Wilfrid est le garçon qui gère les sanglots d'âme et les battements de cœur et réchauffe les empreintes froides en général.

Avant la guerre, on le rencontrait dans les salons de Londres à l'heure du thé, portant sa crinière un peu plus longue que celle des meilleures ménageries, donnant une imitation très réaliste d'un chien de compagnie. Et maintenant, voyez-le, déguisé en militaire, paradant dans la Ville éternelle !

"Que faites-vous ici?" J'ai haleté.

Il mit un doigt sur ses lèvres. « Psst ! » Puis il m'a poussé dans l'ascenseur, il a éjecté le préposé, a tourné une poignée et nous avons décollé. A mi-chemin entre le ciel et la terre, il arrêta le véhicule et, s'étant bien assuré que nous n'étions entendus ni par des hommes ni par des anges, il se pencha contre mon oreille et murmura : « Services secrets !

J'étais émerveillé. "Pas vraiment!"

Wilbur hocha la tête. "Oui, vraiment ! C'est pourquoi je dois être si prudent ; ils ont leurs agents partout qui écoutent, regardent, prennent des notes."

J'ai momentanément cherché dans mon sac, craignant qu'ils (quels qu'ils soient) aient pu prendre le mien.

"Et avez-vous aussi des agents qui écoutent, notent, surveillent ?" J'ai demandé.

Wilbur a déclaré que oui et a poursuivi en expliquant que son système était si parfait qu'un chat pouvait difficilement chatouiller n'importe où entre le kiosque de Yildiz et la Wilhelmstrasse sans sa pleine connaissance et son approbation. J'étais très excité, car j'avais auparavant imaginé que toute cette histoire d'espionnage était une invention de l'auteur du magazine, et pourtant voici le petit Wilbur, selon lui, vivant une vie de drame jaune continu, plus queuxrieux que de fiction, riche. au-delà des rêves de Garavice. (Éditeur : « Tut-tut ! » Auteur : « Peccavi ! »)

J'ai été ravi et ravi. "Ecoute ici", ai-je imploré, "si tu comptes réussir un coup d'État à tout moment, laisse-moi venir aussi!"

Wilbur a hésité, la profession n'aimait pas les amateurs, a-t-il expliqué ; ils étaient trop impétueux, manquaient de subtilité – mais si l'occasion se présentait, il pourrait… peut-être… Je lui tordai alors la main, voyant que les cloches de chaque étage étaient en vacarme depuis une quinzaine de minutes et que le domestique commençait à sonner. Après avoir pris le câble après son levage, nous sommes retombés sur terre, le lui avons rendu et sommes sortis déjeuner.

"Et maintenant, parlez-moi un peu de vos méthodes", dis-je pendant que nous nous asseyions pour manger.

Wilbur m'a immédiatement attrapé par le col et m'a traîné après lui sous la table.

"Qu'est-ce qu'il y a maintenant ?" J'ai dégluti.

"Idiot!" siffla-t-il. "Le serveur est un espion bulgare."

"Alors arrêtons-le", dis-je.

Wilbur gémit. "Oh, vous les amateurs, vous allez tout bousculer et tout gâcher !"

Je me suis excusé docilement et nous sommes sortis de nouveau du couvert et avons repris notre repas, en silence parce que (selon Wilbur) la blonde au peroxyde qui faisait des tours de charme de serpent avec des spaghettis à la table voisine était un agent hongrois, et il y avait un Turc caché dans les palmiers en pot. proche.

J'étais ravi et ravi et ravi.

Viennent ensuite des journées agitées. Rome à cette époque, j'en ai compris, était le centre de l'industrie de l'espionnage et au plus fort de la saison des détectives, car ils nous encerclaient de toutes parts – selon Wilbur. J'étais continuellement entraîné à l'écart dans l'ombre des arcades sombres pour esquiver les amiraux autrichiens déguisés en éboueurs, je me précipitais dans les ruelles noires pour échapper aux machinations des aventurières bolcheviques défilant en curés de paroisse, et je m'immergeais dans les fontaines pour éviter les mauvais yeux des diplomates allemands camouflés en filles de fleurs - selon Wilbur.

J'ai été ravi et ravi et ravi et ravi, je me suis acheté un stylet et un faux nez.

Cependant, après environ une semaine passée à jouer le rôle de Watson fidèle au Sherlock de Wilbur sans avoir procédé à une seule arrestation, drogué un coursier, stiletto à une âme ou avoir été autorisé à porter mon faux nez une fois, mes frissons sont devenus moins violents et j'ai laissé tomber Wilbur. l'après-midi, je suis partie seule à l'affût. Vers quatre heures du matin, mes investigations me conduisirent chez Latour. À une petite table en marbre, lapant des glaces comme un chaton lape de la crème, j'ai aperçu le sous-lieutenant temporaire. Mervyn Esmond.

Vous vous souvenez tous de Mervyn Esmond, celui aux guêtres, aux lunettes et au haut-de-forme gris, le Super-Knut du Frivolity Theatre qui gambadait si gracieusement devant les nombreux « orteils scintillants » du Super-Beauty Chorus, en chantant "Billy de Piccadilly." Vous devez vous souvenir de Mervyn Esmond !

Mais c'était là l'Esmond d'autrefois, il faisait depuis longtemps un excellent travail à la tête d'une troupe de Pierrot de l'Armée.

Je me suis assis à côté de lui, j'ai volé sa glace et je l'ai finie pour lui.

"Et maintenant, qu'est-ce que tu fais ici ?" J'ai demandé.

"Je suis descendu de la file d'attente pour acheter de nouvelles robes pour Queenie", répondit-il. "Elle, c'est-à-dire lui, est absolument en haillons, éclate une paire de corsets et une paire de bas de soie à chaque représentation, un article très cher."

Je ferais mieux d'expliquer ici et maintenant que Queenie est la principale dame de la troupe de Mervyn. Elle – c'est-à-dire lui – a commencé sa – sa – carrière militaire en tant que pilote d'artillerie, mais s'est révélée posséder une voix de fausset très aiguë et s'est immédiatement consacrée aux imitations féminines.

« Elle… il… est chez la couturière en ce moment », poursuivit Mervyn, « aux prises avec une demi-douzaine de mannequins *hystériques* . . Sur-tunique en Charmeuse, brodée de pompons de courge et de mouffette, sous-vêtements en crêpe de Chine entrelacés de ruban bébé bleu, camis———"

"Arrêt!" J'ai tonné. "Voulez-vous que je rougis à mort ? Je ne suis qu'un rude soldat."

Mervyn s'est excusé, s'est enroulé autour d'une autre glace et m'a demandé comment je m'amusais à Tibre-ville.

Après m'être assuré qu'il n'y avait aucun agent ennemi caché sous la table ou parmi les palmiers en pot, je lui ai confié mon âme au sujet de Wilbur et des coups d'État qui n'ont jamais eu lieu.

Il m'a regardé quelques instants, les yeux pétillants, puis il s'est penché par-dessus la table.

"Mon cerveau actif a élaboré un plan de beauté", a-t-il déclaré. "C'est à toi pour une autre glace."

Je l'ai acheté.

* * * * * * *

J'ai trouvé Wilbur en train de fouiller la foule derrière un grand gobelet dans le salon Excelsior, et je l'ai traîné dans l'ascenseur, je l'ai suspendu à mi-chemin entre ici et l'au-delà et j'ai murmuré ma grande nouvelle.

"Ou quand?" cria-t-il en blanchissant.

"Dans mon hôtel à minuit", répondis-je. "Je me suis caché dans un panier à linge et j'ai tout entendu. Nous déjouerons leurs fourberies, toi et moi."

Wilbur ne semblait pas aussi passionné que je l'avais espéré, il fredonnait, bavardait et discutait de mon amateurisme et de mon impétuosité ; mais j'étais obstiné, et le prenant fermement par le bras, je l'emmenais dîner.

Je n'ai pratiquement pas lâché son bras pendant les cinq heures suivantes, le jugeant plus sûr.

Cinq minutes avant minuit, je l'ai conduit dans les escaliers de mon hôtel et, sur la pointe des pieds, dans une certaine pièce, j'ai allumé la lumière.

"Tu vois cette porte là-bas ?" "C'est la salle de bain. Cachez-vous là. Je serai caché dans l'armoire. Dans cinq minutes, les conspirateurs apparaîtront. Dès que vous m'entendrez crier : "Levez la main, Otto von Schweinhund, *le jeu est fait*"," ou des mots dans ce sens - ont fait irruption hors de la salle de bain et ont frappé la dame. "

J'ai poussé Wilbur dans la salle de bain (il tremblait légèrement, d'excitation sans doute) et j'ai fermé la porte.

A peine m'étais-je enfermé dans l'armoire qu'un homme et une femme entrèrent dans la pièce. Ils étaient tous deux en grande tenue de soirée, l'homme était un beau coquin, la femme une grande beauté alanguie, magnifiquement vêtue. Elle se jeta sur une chaise et alluma une cigarette. L'homme verrouilla soigneusement la porte et traversa la pièce vers elle.

« Hansa, » siffla-t-il, « as-tu eu les plans de la forteresse ? »

Elle rit et sortit un paquet de papiers du sein de sa robe et le jeta sur la table.

"'C'était facile, *mon cher*."

Il l'a attrapé et l'a maintenu en l'air.

"La victoire!" il pleure. "Le Vaterland est sauvé !"

Il fit le tour de la table et se plaça devant elle, les yeux brillants.

"Espèce de beau diable," marmonna-t-il, les dents serrées. "Je savais que tu pouvais le faire. Je savais que tu envoûterais le jeune attaché. Tous les hommes sont des marionnettes entre tes mains, beau, beau démon !"

Le moment était venu. Enfilant à la hâte mon faux nez, j'ouvris l'armoire, criai le signal et recouvris la paire de mon stylet. La femme a crié et s'est jetée dans les bras de son complice.

"Ah, ha, encore déjoué ! Je te maudis !" Il grogna et me couvrit des plans de la forteresse.

Je me suis battu contre lui, il s'est battu contre moi, le beau diable s'est battu contre nous deux ; nous avons tous été aux prises.

Il n'y avait aucun mouvement depuis la porte de la salle de bain.

Nous avons encore lutté, nous avons lutté partout sur la table, sur le lavabo et sur quelques chaises. Le méchant a perdu ses moustaches, la méchante a perdu sa jolie perruque dorée, le héros (moi) a perdu son faux nez. J'ai crié le signal une fois de plus, le méchant l'a crié, la méchante l'a crié, nous l'avons tous crié.

Il n'y avait aucun mouvement depuis la porte de la salle de bain.

Nous nous sommes débattus encore, nous nous sommes attaqués à la commode, sous le tapis et à l'intérieur et à l'extérieur du porte-serviettes.

Un bruit sourd retentit de quelque part à propos du beau diable.

"Pour l'amour de Dieu, allez-y doucement !" elle a sifflé dans mon oreille gauche. "Mes corsets sont partis !"

Puis, comme il n'y avait toujours aucun mouvement de la porte de la salle de bain et qu'aucun de nous n'avait plus de prise en nous, nous avons appelé « le temps ».

Mervyn s'assit sur le bord du lit avec aigreur en regardant Queenie débraillée.

"En haillons une fois de plus, vingt livres de georgette, charmeuse et ninon je ne sais quoi, déchirées en lambeaux !" il gémit. "Oh, espèce de garçon manqué, toi !"

"Viens extraire ces fichus os de baleine de mes côtes", dit-elle.

J'ai traversé la pièce en titubant et j'ai ouvert la porte de la salle de bain et j'ai regardé à l'intérieur.

« Aucun signe de notre ami Sherlock, le chien-espion ? » » s'enquit Mervyn.

"Oui", dis-je. "Il est tombé évanoui dans le bain!"

XXIII

UN FAUX PAS

Lorsque nous avons fini de tuer pour la journée, que nous avons affranchi nos sabres sanglants, que nous avons suspendu nos chevaux pour les faire sécher et que nous sommes assis après le mess, les sangles desserrées et les pipes allumées, c'est un de nos passe-temps favoris de discuter de ce que nous allons faire après. la guerre.

William, notre président du mess et officier des transports, dit franchement : « Rien ». Trois ans de lutte continue pour maintenir le désordre dans le whisky et le soda et l'équipement des officiers jusqu'à deux cent cinquante livres par officier ont fait de lui un vieil homme, autrefois si plein de plaisanteries brillantes et d'énigmes. Au moment où Hindenburg jette l'éponge, William se rend à l'hôpital de Chelsea, où il passe l'automne de ses journées à lancer le fil et à montrer ses honorables cicatrices acquises au cours de nombreuses batailles sanglantes dans les lignes de mulets.

Voilà pour William. Le Skipper, aussi sensible au climat qu'un muguet, bavarde amoureusement pendant les mois d'été en vendant des glaces aux Esquimaux et pendant les mois d'hiver en colportant des châtaignes grillées à Tombouctou. MacTavish et le Babe proposent, sous les noms de commerce euphoniques de Vavaseur et Montmorency, d'ouvrir des prêteurs sur gages parmi d'anciens ouvriers des munitions, et d'accumuler ainsi des maîtres anciens, des pianos à queue et des diadèmes de diamants pour les exporter aux États-Unis. Pour ma part, j'ai un autre plan.

Il y a une certaine forêt historique au nord à travers laquelle les balles gémissent, les obus grondent et aucun oiseau ne chante. Après la guerre, je vais créer une société, acheter ce bois et en faire un lieu de villégiature pour l'hébergement des touristes.

Il y aura un droit d'entrée de dix francs, et tout le reste sera en supplément.

Du thé dans la pirogue, dix francs. Voyages dans les tranchées, accompagnés de guides entraînés récitant des passages choisis des effusions de nos envoyés spéciaux : dix francs. La nuit, grand SOS fusée et affichage très lumineux : dix francs. Tandis que pour vingt francs supplémentaires, le touriste aura la possibilité d'acquérir autant de souvenirs qu'il pourra, sous forme de rouleaux de fil de fer barbelé, de bombes ratées et de miettes aveugles. De cette façon, le pays sera débarrassé de sa matière explosive et je pourrai passer mes années de déclin à Park Lane, ou, en tout cas, à Tooting.

Notre Albert Edward n'a fait aucun projet quant à son avenir ces derniers temps, mais pour l'instant, il semble fort que son avenir se déroulera en prison. Cela s'est passé de cette façon. Il avait été en avant pour faire du O. Pipping. Pendant qu'il était là-bas, il s'est lié d'amitié avec une batterie et a persuadé les pauvres imbéciles de tirer sous sa direction. Il dit que c'est très amusant de s'asseoir dans son O. Pip, une pipe entre les dents, un télescope accroché à son œil aveugle, pour supprimer toutes les parties du paysage qui ne nous plaisent pas.

"Je n'aime pas cet arbre en A 29.b.5.8", dites-vous au téléphone. "Il est tout à fait trop tordu (ou trop droit). Coupez-lui la tête !" et, hé hop ! l'herbe incriminée ne l'est pas. Ou, "Cette colline à C 39.d.7.4" est assez absurde ; elle est ridiculement déséquilibrée. Je pense que nous aurons une vallée là-bas à la place ". Et voilà ! l'excroissance absurde se dirige vers l'ouest dans un nuage de fumée.

Notre Albert Edward a passé une semaine des plus agréables à modifier la géographie de l'Europe à son goût. Puis un matin, il a commis une erreur insignifiante d'environ trente degrés et quelques milliers de mètres et s'est trompé de village.

"Un village ressemble beaucoup à un autre, et que représentent quelques milliers de mètres par ici ou par là dans une guerre aux dimensions mondiales ? Messieurs, ne soyons pas triviaux", a dit notre Albert Edward aux gens aux chapeaux rouges qui sont venus. pleurant à son O. Pip. Il en résulta néanmoins quelques désagréments, et notre Albert Edward rentra chez lui pour se réfugier au sein de nous, sa famille.

Le désagrément s'est répandu, car vingt-quatre heures plus tard, notre Albert Edward a reçu un message lui disant que s'il n'avait rien de mieux à faire, passerait-il échanger des nouvelles avec le général à midi ce jour-là ? Notre Albert Edward a fait son testament, a enfilé ses bottes de parade, a bu une demi-bouteille de cognac pur, nous a embrassés et est parti vers sa perte. Alors qu'il dépassait les limites du camp, l'O'Murphy déboucha un égout et, voyant son compagnon de route sortir à cheval, abandonna le ratstrafe et trottina après lui.

Un mot ou deux expliquant The O'Murphy. Il y a deux ans, nous campions à l'extrémité d'un certain ravin sombre et humide au nord. Un groupe de grands marines et un petit terrier irlandais arrivaient là, apportant avec eux un long canon naval, qu'ils recouvraient d'un camouflage de sac et de cendre et tiraient à intervalles réguliers. Chaque fois que l'arme d'épaule était sur le point de tirer, le petit chien devenait fou, rebondissait derrière la traînée de l'arme comme une balle de caoutchouc, dans une extase d'attente. Lorsque le gros canon retentit, il poussa un cri de joie et s'enfuit dans le ravin à la recherche du lapin. La chasse du pauvre petit chien dans le ravin à la recherche du lapin qui n'avait jamais existé était l'un des spectacles les plus pathétiques que j'aie jamais vu. Que tant d'hommes costauds, dotés d'un fusil aussi énorme, ratent le lapin à chaque fois, le tuait peu à peu de dégoût et d'exaspération.

En rencontrant mon palefrenier un soir, je lui ai parlé de la question, en mentionnant avec désinvolture qu'il y avait un de nos petits compatriotes à proximité qui lui brisait le cœur parce qu'il n'y avait jamais eu de lapin. J'ai clairement expliqué à mon palefrenier que je ne suggérais rien, que je ne laissais aucune allusion, mais je trouvais dommage qu'un tel sportif gaspille ses talents avec ces soldats de la mer alors qu'il y avait des tenues comme les nôtres, offrant toutes sortes d'opportunités à l'un des le bon genre. J'ai répété à nouveau que je ne faisais aucune suggestion et je suis passé à un autre sujet.

Imaginez mon étonnement lorsque, le lendemain, alors que nous effectuions notre randonnée bihebdomadaire habituelle, j'ai découvert le petit terrier attaché à notre outil d'attelage par un morceau de fil de fer, appréciant visiblement le voyage et maltraitant les mulets d'attelage comme s'il avait su eux toute sa vie. Comme il avait insisté pour venir avec nous, il n'y avait plus rien à dire, alors nous l'avons baptisé "Le O'Murphy", l'avons attaché à la force des rations et de la discipline, et depuis deux ans il a partagé nos joies et nos peines, nos des billets et du bœuf-bully, de haut en bas du pays de Quelque part.

Mais c'est avec notre Albert Edward qu'il est devenu particulièrement ami. Ils avaient la même aversion pour les félins et le même goût pour les biscuits. Ainsi, quand Albert Edward passa, les oreilles baissées, la queue rentrée (pour ainsi dire), *en route* vers le désastre, The O'Murphy vit clairement que le moment était venu de prouver son amitié et trottina derrière. En arrivant au QG, les camarades se serrèrent la patte et se léchèrent les uns les autres. Puis Albert Edward est entré en trébuchant et The O'Murphy est resté dehors, sauvant les chiens d'état-major à collier de cuivre et attendant de rassembler les fragments qui restaient du corps de son copain après que le général en ait fini avec lui. Son entretien avec le général, notre Albert Edward préfère ne pas le décrire ; c'était trop douloureux, trop humiliant, dit-il. Qu'un homme de la position élevée du général, de son âge avancé et de son apparence vénérable puisse perdre à ce point son contrôle de soi fut une terrible révélation pour Albert Edward. « Tirons un voile sur cet épisode », a-t-il déclaré.

Mais ce qui s'est passé plus tard, il a consenti à nous le dire. Lorsque le général eut éclaté tous ses vaisseaux sanguins et qu'Albert Edward se félicitait que le pire était passé, le vieil homme attrapa soudain un manuel de droit militaire sur son bureau, le jeta dans un coin et plongea sous une table, d'où sortirent des mots de bagarre. des bruits, des grognements et des cris. "Regarde ça?" »

fit la voix du général sous la table. " De toute impudence ! — avez-vous vu cela ? "

Albert Edward a fait des bruits négatifs. "Un rat, bon sang !" » grogna le vénérable guerrier, « gros comme un veau, il sortit de son trou et me regarda. Au diable son impudence ! J'ai coupé sa retraite avec le manuel et il est quelque part par ici maintenant. Flancez-le, voulez-vous ?

Alors qu'Albert Edward se dirigeait vers un flanc, des bruits d'une autre violente bagarre retentirent sous la table, suivis d'un cri joyeux du général, qui en sortit froissé mais triomphant.

"Il a renversé la corbeille à papier", haletait-il en époussetant ses genoux avec un mouchoir. "Et maintenant, mon garçon, et maintenant, hein ?"

"Allez chercher un chien, monsieur", répondit Albert Edward, pensant à son ami The O'Murphy. Le général ricana : " Chien foutu ! Quel est le problème avec ce chat à l'ancienne ? J'ai un simple chat tigré avec moi qui a écrit des ouvrages standards sur le ratage. " Il éleva la voix et hurla à son infirmier d'apporter un Pussums. "J'ai le vieux tigré depuis des années, mon garçon", a-t-il poursuivi ; " Je l'ai apporté de chez moi, je l'emporte partout avec moi ; et je n'ai pas de problèmes de rats. Ordonné !

« Les abatteurs viennent ici avec des chiens Saint-Bernard, des fusils de chasse, du poison, des pièges à ours et des filets de pêche et ne dorment jamais pour les rats, tandis qu'un chat commun comme mon vieux Pussums… Oh, où est ce foutu mec ?"

Il se dirigea vers la porte et l'ouvrit brusquement, admettant que ce n'était pas un infirmier mais The O'Murphy, qui lui fit un signe de tête agréable et trottina à travers la pièce, la queue scintillante, une lumière d'amour brillant dans ses yeux, et déposa aux pieds d'Albert Edward son offrande, un gros chat tigré mort.

Albert Edward ne s'en souvient plus. Il s'était évanoui.

XXIV

MON REPOS

Albert Edward et moi sommes en détachement en ce moment. Je ne peux pas mentionner notre travail car Hindenburg écoute. Il surveille chaque mouvement d'Albert Edward et de moi et dispose ses forces en conséquence. Parfois, il nous devance, parfois non. Les premières fois, il appelle Ludendorff, et ils passent une soirée avec de la bière et des chansons ; sur ce dernier il pousse violemment la cloche du vieux Dieu allemand.

L'endroit qu'Albert Edward et moi habitons en ce moment est très intéressant ; des choses se produisent tout autour de nous. Il y a un ballon apprivoisé attaché par une ficelle au jardin arrière, une colonne de munitions sur chaque flanc et un bataillon d'infanterie campé devant. Les avions bourdonnent en masse au-dessus de nous et il y a un service régulier de chars devant la porte. D'une manière ou d'une autre, notre emplacement actuel regorge de vie ; Albert Edward dit que cela lui rappelle Londres. Pour accentuer la similitude, nous sommes bombardés chaque nuit.

Peu de temps après le mess, le chant de l'oiseau-bombe se fait entendre. Les projecteurs transpercent le ciel comme des épées de fer-blanc dans un duel sur scène ; Bientôt, ils ramassent l'oiseau-bombe – un flocon de guirlande scintillant – et le vacarme commence. Les Archibalds éclatent, les mitrailleuses claquent, les fusils claquent, et ici et là un sportif optimiste brunit la Voie lactée avec un revolver. Comme la loi de la gravité de Sir I. Newton est toujours en vigueur et que tout ce qui monte doit redescendre, il est conseillé de porter un parasol lors de ses promenades à l'étranger.

Compte tenu de la lourde chute de plomb, Albert Edward et moi avons décidé d'avoir une pirogue. Nous avons creusé six pouces et heurté l'eau en formation massive. J'ai mis un doigt dans l'eau et je l'ai léché. "Ça a un goût étrange", dis-je, "saumâtre ou salé ou quelque chose du genre."

"Nous avons débouché l'Atlantique en pleine floraison, c'est tout", a déclaré Albert Edward ; "bouchez-le à nouveau rapidement, sinon il va rebondir et nous submerger." Cela fait, nous avons cherché quelque chose qui mériterait d'être creusé. La seule chose que nous avons pu trouver était une taupinière, alors nous avons fouillé là-dedans. Nous y résidons maintenant, Albert Edward, Maurice et moi. Nous l'avons appelé « *Mon Repos* » et avons collé un avis indiquant que nous sommes à l'intérieur, sinon les visiteurs passeraient dessus et nous manqueraient.

Le principal inconvénient de « *Mon Repos* », c'est Maurice. Maurice est propriétaire par priorité, taupe par nature. Notre arrivée l'a plus ou moins repoussé dans l'arrière-pays de sa maison et cela lui est très désagréable. Il reste assis au sous-sol et boude le jour, sortant la nuit pour fouiller parmi nos bottes, tombant sur des objets et nous empêchant de dormir. Si nous disons « Bouh ! Bouh ! ou si un mot dur lui est adressé, il double les escaliers menant au grenier et nous donne des coups de terre sur le visage à intervalles de trois minutes toute la nuit.

Albert Edward dit qu'il est ennuyé par le loyer, mais je trouve cela absurde. Maurice sait parfaitement qu'il y a la guerre, et exiger un loyer des soldats qui défendent sa taupinière au prix de leur vie est la proposition la plus ridicule que j'aie jamais entendue. Comme je l'ai déjà dit, la situation est des plus désagréables, mais je ne vois pas ce qu'on peut y faire, car déterrer Maurice, c'est déterrer *Mon Repos* , et cela n'a aucun sens. Albert Edward avait une théorie selon laquelle la taupe était un animal carnivore, alors il a enduit un ver de dentifrice carbolique et l'a laissé traîner. Il est resté pendant des jours. Albert admet maintenant que sa théorie était fausse ; la taupe est végétarienne, dit-il ; il la confondait avec la truite. Il est en train d'inventer pour Maurice une pomme de terre explosive sur le modèle d'une grenade à percussion, mais en attendant ce monsieur reste parfaitement maître de la situation.

Le ballon attaché à notre jardin est très apprivoisé. Chaque matin, ses gardiens le font sortir de sa demeure avec des ficelles, l'attachent à une ficelle plus longue et le lâchent. Toute la journée, il reste en l'air, tirant doucement sur sa laisse et surveillant la guerre. Le soir, les gardiens réapparaissent, le descendent et le ramènent chez lui pour la nuit. Cela me rappelle un énorme éléphant docile dirigé par la petite famille du cornac. J'ai toujours envie de donner un chignon à la douce créature.

De temps en temps, des oiseaux boches arrivent, déguisés en nuages, et crachent dessus des bouchées de balles traçantes incandescentes, puis les observateurs sautent. L'un d'eux a "sauté" dans mes lignées de chevaux la semaine dernière. C'est-à-dire que son parachute s'est accroché dans un arbre et qu'il s'est suspendu, comme un pendule géant, au-dessus du dos de mes chevaux jusqu'à ce que nous le descendions. Il venait à *Mon Repos* pour se faire arracher des morceaux d'arbre. C'était la sixième plongée à la mer qu'il effectuait en dix jours, nous a-t-il expliqué. Parfois, il se plongeait dans les situations les plus embarrassantes. À une occasion, il est tombé à travers le toit d'un bivouac dans un bain chaud contenant un lieutenant-colonel, qui l'a frappé avec une éponge et lui a jeté du savon. Sur un autre, il descendit de nulle part au milieu d'un groupe de coolies chinois, qui tombèrent immédiatement la face contre terre, l'adorant comme un être céleste, et plus tard lui coupèrent tous les boutons comme de saintes reliques. Une vie mouvementée.

XXV

"Vole, douce colombe"

Il n'y a pas longtemps, on nous a demandé de travailler sur les sacs. Le personnel nous a envoyé quelques pigeons avec leur amour et a exprimé l'espoir que nous leur enverrions un message de temps en temps pour leur faire savoir comment la bataille faisait rage et où. (L'état-major vit dans la terreur constante qu'un jour la guerre s'éloigne complètement d'eux et qu'un peloton indiscipliné bombarde Unter den Linden sans qu'ils en sachent rien.)

Le lendemain matin, nous avons dû partir et, au fil du temps, nous nous sommes retrouvés au plus profond du Bocheland, tenant une ligne d'avant-postes sommaires et attendant que les Huns fassent le sport et contrent. Le temps passa et, comme les Huns ne montraient aucun signe de mouvement, nous commençâmes à regarder autour de nous et à faire le point.

Personnellement, je pensais qu'un repas carré pourrait contribuer à guérir un sentiment de creux qui me rongeait sous la ceinture. Pendant que je fouillais dans mon sac, le pigeonnier s'est approché et m'a demandé le livre de règles.

Pour les non-initiés, je n'en doute pas, le vol aux pigeons semble être le jeu le plus simple au monde. Il vous suffit de prendre une carte postale avec photo, de marquer d'une croix l'endroit où vous vous trouvez, d'ajouter quelques mots, tels que : "J'espère que cela vous trouvera dans le rose, comme je le laisse actuellement - je ne pense pas", insérez dans le bec du fidèle oiseau, dites : « À la maison, John », et quelques minutes plus tard, il entre dans la boîte aux lettres du général. Ce n'est en aucun cas le cas. Les pigeons sont les plus petits des bovins. Si vous ne les traitez pas ainsi, ils abandonneront le jeu sur-le-champ ou remettront votre note à Hindenburg. Pour éviter cela, un livre de règles est remis aux porteurs de pigeons, donnant des instructions sur le moment et la manière dont les créatures doivent être nourries, abreuvées, exercées, etc.

A cette occasion, j'ai fouillé mes poches à la recherche du livre des règles et je suis resté vierge. "Au fait, qu'est-ce qu'il a avec cet oiseau ?" J'ai demandé.

"Ça a l'air un peu fou", a déclaré le transporteur; "déprimé, comme on pourrait dire."

"Voyant que vous le portez à l'envers depuis vingt-quatre heures, il n'y a pas lieu de s'étonner", a déclaré mon sergent de troupe ; "Le sang lui monte à la tête, c'est quoi."

"Tournez-le un peu dans l'autre sens et faites revenir le sang", suggérai-je.

"L'exercice est ce qu'il veut", dit fermement mon sergent.

« Alors, exercez-le par tous les moyens, » dis-je.

Le transporteur a hésité. "Très bien, monsieur... mais comment, monsieur ?"

"Demandez au sergent," dis-je. "Sergent, comment exercez-vous un pigeon ? Le lancer ou lui faire faire des mouvements de singe suédois ?"

Le sergent se frotta le menton.

« Je ne peux pas dire que je me souvienne de la méthode officielle, monsieur ; on pourrait l'emmener se promener au bout d'une ficelle, ou… »

"Ces pigeons officiels", ai-je interposé, "doivent être traités de la manière officielle, sinon ils ne fonctionneront pas ; leur mécanisme devient dérangé. Nous avons eu un pigeon lors de la énième bataille des essuie-glaces et nous l'avons perturbé d'une manière ou d'une autre. Quoi qu'il en soit, quand nous on lui a dit d'aller chercher des renforts, il s'est assis sur un arbre, léchant ses peluches et chantant, et nous avons dû lui jeter de la boue pour le faire bouger, Dieu seul le sait, car on ne l'a jamais revu depuis. . Je vais faire ce qu'il faut avec cet oiseau.

J'envoyai alors un galopeur à l'avant-poste suivant, occupé par Babe and Co., lui demandant la recette officielle pour exercer les pigeons. La réponse est revenue comme suit : -

"Demandez à Albert Edward. Tout ce que je sais à leur sujet, c'est qu'il ne faut pas rejeter ensemble des oiseaux de sexe opposé lorsqu'ils s'arrêtent et flirtent.

PS : Vous n'avez pas un peu de pudden froid chez vous, monsieur, n'est-ce pas ? Je mise tout."

J'ai envoyé le galopeur au galop au poste d'Albert Edward.

"Ne rejetez pas les oiseaux après le coucher du soleil", répondit-il; "Ils ont peur de rentrer chez eux dans le noir, c'est tout ce dont je me souviens. Demandez au capitaine.

PS : Vous avez un peu de boeuf en réserve ? J'ai caché quelque chose de terrible."

J'ai soupiré et j'ai envoyé mon messager au capitaine pour lui demander quelle était la méthode officielle d'exercice des pigeons. Une demi-heure plus tard, sa réponse me parvint :

"Je ne sais pas. Essayez de les manger. C'est ce que je fais avec les miens."

A propos des pigeons voyageurs, je peux mentionner qu'une nuit d'hiver, j'ai été convoqué au QG du Corps. Un Chapeau Rouge a dit : "Nous allons être grossiers avec les Boche à l'aube et nous voulons que vous alliez avec les garçons. Lorsque vous atteignez vos objectifs, déposez-nous simplement un pigeon pour nous le dire. Voici un message, emmenez-le au pigeonnier et procurez-vous une bonne volaille. Bonne nuit et bonne chance.

J'ai trouvé l'amateur de pigeons dans un vieil omnibus londonien qui servait de pigeonnier, nourrissant à la cuillère un oiseau malade. Lancastrien austère, l'amateur étudia mon enfant d'un œil amer, puis, grommelant qu'il ne savait pas pourquoi l'armée comptait faire sortir les oiseaux du lit à cette heure-là, il grimpa lentement sur une échelle et, passant la tête à travers un piège dans le toit, s'adressa aux pigeons.

"C'est toi, Flossie ? Non, tu ne peux pas y aller avec ces plumes de queue qui manquent au chat du général. Jellicoe - non, tu ne peux pas y aller non plus, tu as passé une journée difficile avec ces tanks. Sale toux. tu l'as, Gaby ; je vais t'en donner une goutte tout à l'heure. Tu respires très fort, Joffre ; tu t'es encore trop mangé, je suppose – tu ne pouvais pas voler un mètre. Eustace, tu es pour."

Il descendit l'échelle en reculant, saisissant le malheureux Eustace, le fourra dans un panier et me le tendit.

"J'espère que c'est un bon oiseau", dis-je, "nippy et tout ça ?"

L'amateur renifla : "Bon oiseau ? Rien ne peut l'arrêter, barrages, fumée, rien. 'E a mérité le VC des dizaines de fois ; c'est le meilleur oiseau de l'armée, et' ne l'oublie pas, Monsieur."

J'ai promis de ne pas le faire, j'ai rattrapé le panier et je me suis enfui.

J'ai atteint le voisinage de la ligne vers 2 heures du matin. Il neigeait beaucoup et tout le front était sucré comme un gâteau de mariage, chaque trace et chaque repère effacés. Pendant quelques heures, j'ai cherché à tâtons le QG du bataillon, trébuchant sur des câbles cachés, dévalant des cratères masqués par la neige jusqu'à des trous d'obus glacés, l'inimitable Eustache avec moi. Finalement, je tombai tête première dans une pirogue habitée par trois anciens guerriers, assis autour d'un brasier en train de sucer des cigarettes. C'étaient des éclaireurs de brigade, m'ont-ils dit, et ils étaient en route à l'heure actuelle. C'étaient aussi de bons Samaritains, l'un d'eux, Fred, me donnant sa place près du feu et une tasse de chocolat chaud, tandis que ses collègues, MM. Alf et Bert, s'occupaient d'Eustache, qui avait besoin de toute l'attention qu'il pouvait obtenir. J'ai capté des bribes de leur conversation ici et là : « On va lui porter un petit toast sur le brasero, Alf ? » "Je me demande si une goutte de rhum pourrait le faire gagner ?" "Mets-le dans sa mâchoire quand il bâille, Bert."

Enfin, la circulation d'Eustache fut déclarée rétablie et les trois hommes commencèrent à s'armer pour la guerre, enfermant leurs jambes dans des sacs de sable, enroulant d'innombrables cache-nez autour de leur tête et enfilant d'innombrables pardessus bizarres, de sorte que leur apparence finale était plutôt celle de femmes-pommes. que les éclaireurs.

Nous partîmes alors au combat, Bert ouvrant la voie vers le barrage qui craquait et déferlait en éclairs jaunes sur les lignes boches.

Bientôt, nous entendîmes une grêle sourde devant nous.

« Ça compte, Bert ? Cria Alf.

"Ils ont abandonné… ils ont jeté leur ook", dit la voix.

Cinquante mètres nous amènent à tomber sur Bert, qui fouille les débris d'un poste allemand avec la pointe de sa baïonnette.

"Alors les porcs l'ont battu ?" dit Fred. "Des souvenirs ?"

"Non!" " dit Bert en crachant, " pas un clin d'œil " je suis un sandwich ".

"Est-ce vraiment notre objectif ?" J'ai demandé.

"C'est vrai, monsieur," répondit Bert. « Mieux vaut s'asseoir et se taire ; le reste des garçons seront là en un tournemain, et ils bombarderaient leurs propres grand-mères quand ils seraient énervés. »

J'ai mis ma main dans le panier et j'ai traîné Eustace. Il n'a pas admiré le formulaire VC. Pourtant, j'avais l'ordre explicite de le libérer lorsque notre objectif était atteint, et l'obéissance est une seconde nature chez moi.

J'ai attaché mon message à sa jambe, lui ai souhaité bonne chance et l'ai lancé haut dans les airs. Un tourbillon de neige le cachait à la vue.

Je n'ai pas appelé au QG à mon retour. Je suis rentré directement chez moi me coucher et j'y suis resté. Comme on ne m'a pas fait venir et que je n'en ai plus entendu parler, j'ai supposé que l'infaillible Eustace était remonté à son bus et que tout allait bien. J'éprouvais néanmoins une sorte de malaise à son égard. Je n'en ai plus entendu parler pendant dix jours, puis, me promenant un après-midi, je suis tombé sur le colombophile. Il n'y avait aucun moyen d'éviter l'homme ; la ruelle mesurait seulement quatre pieds de large, délimitée par des murs de neuf pieds surmontés de verre. Alors je me suis arrêté en face de lui, j'ai souri de mon plus joli et j'ai demandé des nouvelles d'Eustache. «Je suis tellement content qu'il soit bien rentré à la maison», dis-je; "un superbe oiseau ça."

L'amateur m'a regardé fixement, ses yeux aigres pétillants, ses poings s'ouvrant et se fermant. Je sentais que seule une discipline amère se dressait entre eux et ma gorge.

"Oui, monsieur," dit-il en parlant avec difficulté, "c'est un grand oiseau, mais pas l'oiseau qu'il était. Il est bien rentré chez lui hier, mais il avait les jambes très raides à force de marcher à chaque pas du chemin."

XXVI

ALLER ET RETOUR

Mon Batman est un homme avec un grief. Il reste accroupi devant ma tente toute la journée, polissant mes boutons d'un air maussade et jure et soupire, soupire et jure. Selon les mots de mon palefrenier et compatriote, "On pourrait penser qu'il y a un chien noir qui se fout le cœur dans sa poitrine tel qu'il est, le pauvre con."

J'apprends qu'il a déclaré que s'il voit une miette arriver, il "clignotera bien, attends-le", qu'il a offert à son ami un œil au beurre noir gratuitement et qu'il refuse la bière. Tout cela ressemble à de l'amour, mais ce n'est pas le cas. C'est ainsi qu'il faut procéder.

La semaine dernière, après dix-neuf mois de mauvaise conduite non détectée dans le champ de tentes, il a obtenu dix jours de congé. Il est parti radieux comme un matin de mai, soigné et scintillant des éperons à l'insigne de la casquette.

Au bout de trois jours, il était de retour.

Selon sa version de l'affaire, il aurait atteint la côte en bon état et aurait reçu un repas copieux de la part de quelques dames d'une cantine mais l'aurait perdu au milieu de la Manche. En raison des mines, des raids aériens et d'autres choses, le bateau et le train étaient scandaleusement en retard, mais il arriva finalement à Victoria à 6 heures du matin, toujours en bon état. À l'extérieur du poste se trouvaient un certain nombre de civils attendant des proches de soldats. L'un d'eux, un petit homme sablonneux en chapeau melon noir et cravate, très respectable (lié au commerce de détail, dit mon homme chauve-souris) l'a abordé et lui a demandé si on avait vu quelque chose de son frère Charlie, un bombardier territorial qui était censé venir par ce train, mais ne s'est pas concrétisé.

Mon homme chauve-souris ne pouvait donner aucune information et ils entamèrent une discussion sur ce qui aurait pu arriver à Charlie : s'il aurait pu rater le train ou tomber du bateau. Mon Batman était favorable à cette dernière théorie, il en avait lui-même ressenti beaucoup, dit-il. Une chose en entraîna une autre et bientôt l'homme de sable dit :

"Eh bien, qu'en est-il ?" levant le coude de manière suggestive et faisant un clin d'œil.

Mon Batman a dit que cela ne le dérangeait pas s'il le faisait, alors ils se sont rendus dans un petit endroit à proximité que l'homme de sable connaissait, et en ont eu un ou deux, l'homme de sable se comportant comme un parfait gentleman, debout boisson pour boisson, cigare. pour le cigare.

Vers 7 heures du matin, l'homme de sable s'est excusé sous prétexte d'affaires (qu'il a expliqué être très sain en raison des intempéries) et s'est enfui, mon Batman retournant à Victoria pour récupérer son sac.

À ce moment-là, son ordre n'était plus aussi bon qu'il l'avait été, en raison, pense-t-il, de (a) l'excitation d'être de nouveau chez lui, d'entendre les civils parler anglais et de voir tant de maisons intactes à la fois ; (b) l'état de deuil de son estomac. Quoi qu'il en soit, il s'est rendu à la gare avec difficulté et "est arrivé tout étourdi", s'est allongé sur un banc du quai et a fermé les yeux.

Lorsqu'il les rouvrit, ce fut pour voir les falaises blanches d'Albion disparaître rapidement par-dessus la bastingage arrière d'un soldat. Il referma les yeux et se dit qu'il rêvait, mais pas pour longtemps : il trompait peut-être sa raison, mais pas son estomac.

Il se rend vite compte qu'il est au milieu de la Manche et qu'il rentre en France. Il s'est assis sur le pont et a crié à quelqu'un d'arrêter le navire.

"'E est revenu, Bill", dit une voix familière à ses côtés, et se tournant, il vit les visages joyeux de Frederick Wilkes et de William Buck, deux de nos fidèles qui revenaient de permission.

Mon Batman a demandé à Frederick Wilkes ce qu'il pensait faire.

"Je t'évite six mois de prison pour avoir trop gardé ta feuille, mon vieux!" Frédéric répondit joyeusement. " Bill et moi t'avons trouvé à la gare, aveugles au monde, alors nous t'avons chargé dans le train et t'avons emmené. Nous avons fait du beau travail aussi, en te faisant passer les bonnets rouges, tu te déplaçais comme un lu -natique."

"Clink ! Dépassement de ma feuille !" hurla mon Batman. "Gor-blimy ! Je n'ai pas de feuille, je viens juste d'atterrir !"

"Encore délirant, Bill", dit Frederick, et Bill hocha la tête. "Bien sûr, vous avez eu votre feuille, et une merveilleuse bonne feuille aussi, à en juger par votre apparence - aveugle au monde du début à la fin, ne connaissant pas l'obscurité de la lumière du jour."

"Je dirai tout cela au premier RTO que je verrai quand j'atterrirai — vous, ravisseurs en péril!" écume mon Batman.

"Ho non, tu ne le feras pas !" » dit Frédéric avec complaisance. "Nous n'allons pas vous laisser courir dans votre état léger et déshonorer le régiment, n'est-ce pas, Bill ?"

"Peu probable", répondit William Buck. "Nous allons te ramener avec nous, sain et sauf si nous devons te briser le cou pour le faire, et ne l'oublie pas, mon vieux !"

Je pense qu'il est extrêmement improbable que mon Batman le fasse un jour.

XXVII

AIR CHAUD

La scène est un camp de base derrière le front occidental. Au fond, une gravière dont le front est bordé de pins. A droite, une cabane noire ; contre un mur plusieurs cylindres de fonte sont appuyés ; contre un autre plusieurs civières ; derrière lui, une escouade d'aides-soignants du RAMC joue au lancer et au lancer pour le profit et le plaisir. Sur la gauche se trouve un cimetière.

Sur la pelouse, au centre de la scène, se trouvent quelque deux cents membres de la célèbre famille britannique Atkins. Il ne s'agit que de vie ou de mort. Ceux qui sont en arrière-plan passent le temps en jouant à la couronne et à l'ancre. Leurs camarades moins fortunés, au premier rang, « ont un peu fermé les yeux », c'est-à-dire qu'ils dorment profondément, assis, calés les uns contre les autres.

Devant eux se tient un baccalauréat ès sciences déguisé en sous-lieutenant. Au brassard vert et noir autour de son bras et à l' *attar de chlore* et *parfum de phosgène* qui s'accrochent à lui dans une auréole trouble, on devine qu'il est lié au Service du Gaz. Et on aurait tout à fait raison ; il est.

* * * * * * * *

Conférencier : "Ahem ! Faites attention à moi, s'il vous plaît ; je vais vous faire une petite conversation sur le gaz. Lorsque vous montez dans la file d'attente, deux choses doivent inévitablement vous arriver : soit vous serez gazé, soit vous ne le serez pas. Si vous n'êtes pas gazé, une attention particulière à cette conférence vous permettra de parler comme si vous l'étiez. Par contre, si vous êtes gazé, elle vous permettra de distinguer à quelle variété vous avez succombé, ce qui sera des plus instructifs.

"Il y a plus d'une sorte de gaz. Il y a le gaz domestique ou domestique, qui fait des petits travaux dans la maison à la fois, et qui ici est envoyé aux ballons d'observation pour les faire décoller de la terre. Il y a du rire Gas, ainsi appelé à cause du plaisir que le dentiste tire de ses victimes lorsqu'elles sont sous son influence ; et enfin il y a Hun Gas, qui n'est pas si amusant ;

"Trois variétés de gaz sont principalement employées par les Huns. Le premier d'entre eux est le chlore. Le chlore a une odeur forte d'agent sanitaire ou de chlorure de chaux faible. Le deuxième sur notre liste est le gaz moutarde, ainsi appelé parce qu'il sent l'ail. Tout Cette odeur d'ail n'est pas du gaz moutarde, cependant, comme l'a découvert à regret une certaine division britannique qui est entrée en ligne aux côtés de certains de nos courageux alliés du Sud après avoir étouffé dans leurs masques pendant trente-six longues, longues heures.

"Le troisième et dernier est le Phosgène. Le Phosgène a une odeur jaunâtre blanchâtre verdâtre qui lui est propre, qui rappelle la végétation pourrie, le foin moisi, les vieux vêtements, les peaux mouillées, les plumes brûlées, les souris chaudes, les putois, les mulets morts, le chou bouilli, les pruneaux cuits, des raisins aigres ou tout ce que vous n'aimez pas.

"Comme tous ces gaz ont un effet déprimant sur le consommateur s'ils sont consommés trop librement, le War Office a mis au point un contre-irritant efficace, la merveille scientifique de l'époque, l'ami et le *multum in parvo du soldat* - en bref, le Respirator-Box. Ici, vous remarquerez que j'ai une boîte respiratoire telle que délivrée aux troupes.

" Il en existe d'autres sortes avec des passementeries en dentelle et des devises de saison travaillées en perles colorées à l'usage du personnel ; mais cela ne nous concerne pas. Examinons maintenant la boîte à respirateur ordinaire. Que découvrons-nous ? Un joli cartable en toile, un sac à dos. ou autres, qui s'avéreront inestimables pour ranger des bibelots personnels, tels que du savon, des couteaux et des fourchettes, des chaussettes, des rations de fer, des orgues à bouche, des matraques de maréchal, etc. ou sac à dos), on découvre un sac éponge en caoutchouc percé de lunettes de protection, une pince à linge, un pied de tuyau d'arrosage, un anneau de dentition pour bébé (les mâcheurs parmi vous trouveront cela un substitut réconfortant au chewing-gum), un mètre ou deux de ficelle solide (premiers secours pour l'appareil dentaire), un tube d'Anti-Dimmer (utilisez-le comme dentifrice, votre sourire rayonnera plus éclatant), et une fiche d'enregistrement, sur laquelle vous êtes invité à inscrire votre nom, votre âge, votre vote et les clubs ; vos handicaps de golf, de polo et de ludo ; les plaintes concernant la cuisine ou le service et les sentiments ou épigrammes ensoleillés qui peuvent vous venir à l'esprit de temps à autre.

"Si vous êtes dans la file d'attente et détectez la présence de gaz hostiles en grand nombre, votre première action devrait être d'enfiler votre respirateur et la seconde de donner l'alarme. L'enfilage du respirateur se fait en cinq mouvements par les meilleures personnes. :—

"1. Retirez la cigarette, le chewing-gum ou les fausses dents de la bouche et placez-les derrière l'oreille (ou les oreilles).

"2. Retirez le sac-éponge du sac à dos (quoi que ce soit ou cartable) et frappez-le hardiment sur le visage comme vous le feriez avec un pansement à la moutarde.

"3. Épinglez-le sur votre nez à l'aide de la pince à linge.

"4. Faites bien pénétrer les élastiques dans les cheveux du dos.

"5. Avalez l'anneau de dentition et continuez avec des exercices de respiration profonde, comme le font les Suédois, les otaries et autres.

"Le respirateur une fois en place, transmettez la bonne nouvelle à vos camarades en effectuant *un fortissimo* sur l'un des nombreux avertisseurs dont chaque belle ligne de front est généreusement dotée. Mais n'oubliez pas que les avertisseurs de gaz sont uniquement destinés au gaz et ne laissez pas votre l'exubérance naturelle ou l'amour de la musique vous emportent, car ils sont susceptibles de créer une fausse impression ; témoin le cas de certains de nos coloniaux pleins d'entrain, qui, célébrant une fête nationale (l'ouverture de la saison des courses de whippets dans le Nouveau Sud), Pays de Galles) avec un orchestre complet de cors Klaxon et Strombos, de hochets, de gongs, d'étuis, de boîtes de conserve, de sacqueboutes, de psaltères et d'autres instruments de musique, a envoyé chaque âme vivante dans une zone militaire entière se précipiter dans leurs chapeaux odorants, là-bas rester pendant quarante-huit heures sans nourriture, sans boisson et sans bénéfice du clergé.

" Après vous avoir donné des instructions complètes sur la méthode correcte pour entrer dans vos respirateurs, je vais maintenant vous expliquer comment vous en dégager. Vous devez d'abord veiller à ce qu'il ne reste plus de gaz. Les tests sont généralement effectués (1) avec un blanc souris, (2) avec un canari.

"Si la souris blanche devient verte, il y a du gaz ; sinon, il n'y en a pas. Si le canari remue la queue et siffle 'Eh bien ! n'est-ce pas dandy à Dixie !' tout va bien, mais s'il siffle « La fin d'une journée parfaite » et mue violemment, attention, attention ! Si par négligence du Département d'Intendance vous n'avez été équipé ni de souris ni de canaris, ne vous mettez pas vous-mêmes à renifler le gaz, mais rappelez-vous que vos vies ont de la valeur pour votre roi et votre pays, et faites venir un officier. Avoir le premier à renifler tous les gaz est l'un des privilèges d'un officier, il n'en a pas beaucoup, mais celui-ci en fait partie et est très jalousement gardé. tel. Si un agent vous surprend en train de souffler tout le gaz dans le quartier, il sera à juste titre ennuyé et maussade.

"Maintenant, après vous avoir donné toute la théorie des précautions anti-gaz, nous allons nous livrer à un peu de pratique. Quand je crie le mot 'Gaz !' mes assistants vous distribueront quelques fumigènes, et chacun enfilera son respirateur en cinq mouvements et se dirigera vers la chambre à gaz, en y entrant par la porte sud et en la sortant par la porte nord. Alors, c'est bien clair ? préparez-vous.

* * * * * * *

Quatre ou cinq sous-officiers instructeurs surgissent soudainement de la gravière et bombardent la congrégation avec des grenades fumigènes sifflantes. Les premiers rangs se réveillent, se lèvent avec terreur et se mettent en sécurité au grand galop, abandonnant leurs respirateurs par souci de légèreté alors qu'ils s'enfuient. Les derniers rangs, qui, malgré eux, ont entendu un peu la conférence, s'enfouissent péniblement sous leurs masques. Certains les portent comme chapeaux, d'autres comme cache-oreilles, d'autres comme plastrons.

La fumée roule dessus en lourdes volutes jaunes.

Des formes d'ombre, encapuchonnées comme des inquisiteurs espagnols, peuvent être vues ici et là accroupies comme en prière, luttant ensemble ou tâtonnant aveuglément pour trouver la sortie. Un malheureux tombe la tête dans un terrier de lapin, plusieurs trébuchent au bord de la gravière et ne sont plus revus.

Il y a un bruit de respiration douloureuse et laborieuse, comme celui des grampus dans les eaux profondes ou des porcs asthmatiques.

Les instructeurs sous-officiers empesés se rapprochent de la foule impuissante et, avec des cris étouffés et des mouvements de bras sauvages, les rassemblent vers la porte sud de la chambre à gaz, les poussent à l'intérieur et tirent sur les verrous.

Les infirmiers du RAMC sont occupés à sortir les corps par la porte nord, à les charger sur des civières et à les faire traverser au cimetière, aux portes duquel se tient l'officier des funérailles de la base, souriant et souriant.

Le conférencier, voyant le jeu bien avancé, allume une pipe et rentre chez lui prendre le thé.

XXVIII

LE CONVERTI

J'ai trouvé le n° 764, le soldat Hartley, WJ, dans les lignes de chevaux, assis sur une botte de foin, en train de parcourir une lettre qui semblait l'amuser quelque peu. En me voyant, il se leva, fit claquer ses éperons et salua. Je lui ai rendu le salut, lui demandant gracieusement de continuer. Nous suivons très scrupuleusement les gestes de l'officier et de l'homme, William et moi. Autrefois, dans d'autres pays, nos positions relatives étaient plus faciles.

Après la cérémonie, je me suis assis à côté de lui sur la botte de foin et nous sommes devenus Bill et Jim l'un pour l'autre.

"Avez-vous déjà croisé Gustav Müller autrefois ?" » s'enquit William en mettant une poignée de tabac noir de Magliesburg dans son incinérateur d'épis de maïs. "'Mafoota', l'appelaient les nègres, un homme costaud au teint mat."

"Oui," dis-je, "il est arrivé dans mon district sur le Wallaby vers 1913, avec rien au monde à part un topi, un pardessus militaire et une boîte de magie de salon. Installé comme sorcier dans le kraal de Chala. Utilisé pour sortir des mètres de ruban de la bouche des affligés et des pots de fleurs pliables de leurs narines – pour chasser les démons, vous comprenez. C'était une pratique très confortable, mais il a commencé à se lancer dans la politique noire, alors je l'ai fait. l'a fait partir. Un vieux coquin divertissant ; je ne sais pas ce qu'il est devenu.

William m'a fait un clin d'œil à travers un nuage de fumée de tabac bleue. "Oui. Il est parti à la poursuite de l'extrémité d'un arc-en-ciel au nord des lacs, et je l'ai accompagné. Vous voyez, la grand-tante de Gustav, Gretchen, lui est apparue dans un rêve et lui a dit qu'il y avait de l'or alluvial dans un certain lit de rivière, des tonnes c'était facile à laver, alors nous l'avons cherché. Nous ne l'avons pas trouvé, mais ce n'est ni ici ni là qu'un homme doit tenter sa chance de temps en temps, et c'était la première fois que la grand-tante de Gustav le laissait tomber. Elle lui avait donné un pourboire pour deux Melbourne Cups et une loterie Portugoose à son époque, une fille, grand-tante Gretchen. Quoi qu'il en soit, nous étions Gustav et moi au bout de Nowhere, avec les garçons qui criaient pour. six mois d'arriérés de salaire, et nous n'aurions pas pu acheter du foin pour un cauchemar entre nous. Nous devions naturellement faire quelque chose, alors... "

"Alors vous vous êtes tout naturellement mis au braconnage de l'ivoire", dis-je. "Je vous connais. Continuez."

William sourit. " Eh bien, un homme doit vivre, vous savez. Quoi qu'il en soit, nous avons immédiatement trouvé une veine de *m'jufu* et empilé les longues pépites blanches d'une manière qui vous conduirait à la poésie. Un Arabe somalien nous a pris le truc. sur place, nous payant en bétail à cinquante pour cent de réduction, ce qui était assez raisonnable, étant donné qu'il courait quatre-vingt-dix pour cent des risques. Tout naviguait comme un beau rêve. Les éléphants étaient si apprivoisés qu'ils mangeraient. de votre main, et vous pourriez sortir et vous battre contre une douzaine de ces idiots avant le petit-déjeuner si vous vous en sentiez d'humeur. La police n'avait pas encore notre adresse. Le seul concurrent qui a menacé a reçu une balle dans sa culotte. ce qui a changé son avis et sa direction de manière très précipitée. L'industrie a explosé et explosé.

« Encore une année de ce genre », me dis-je, « et je prendrai ma retraite chez moi, je cultiverai des roses, je conduirai un piège à poney et je serai marguillier. »

"Puis un jour, le chef arabe fait irruption dans le camp et, accroupi devant notre tente, il se met à se lamenter et à gicler les yeux d'une manière qui ferait croire qu'il a mangé une peau de figues de Barbarie.

"'Qu'est-ce qui te mord, Bluebell ?' J'ai demandé.

"' *Allah akbar* ! Dieu est bon mais les affaires sont pourries, " dit-il, et il raconte lamentablement que les colonnes d'Askaris marchaient de là et de là, poussant leur nez plat là où elles n'étaient pas invitées ; des canonnières anglaises circulaient chaque jour. vague, effrayant sept cloches des boutres côtiers, et par conséquent le commerce s'est enflammé et un homme pauvre ne pouvait pas gagner honnêtement sa vie, en bref, la contrebande d'ivoire était arrêtée pendant la période. Guerre.

« Quelle guerre, espèce de racaille ? » » dit Gustav en dressant ses oreilles couvertes de taches de rousseur. « Qui fait la guerre ?

"'Les Inglische et les Allemands, bien sûr,' dit l'Arabe. 'Les B'wana ne le savaient pas ?'

« Non, le B'wana ne le fait pas », dis-je ; « notre équipe privée Marconi est en panne à cause des singes qui se balancent sur les fils. Maintenant, rentre chez toi au trot, espèce de singe barbare, pendant que mon collègue et moi lançons un rayon de l'intelligence pure sur le *problème* .

"Alors il licencie bientôt au double et on ne le voit plus dans les environs.

« Eh bien, partenaire, dis-je à Gustav, c'est un véritable KO, quoi ? »

"Mais Gustav, il grogne quelque chose que je n'ai pas pu comprendre et s'en va dans la brousse, la tête baissée, affligé de pensées.

"Il n'est pas venu dîner, alors je me suis moqué de sa part et je me suis rendu.

"Au lever de la lune, j'ai cru entendre un éléphant taureau claironner comme s'il était malade d'amour, mais ce n'était pas le cas. C'était Gustav qui rentrait à la maison en chantant le *Wacht am Rhein* . Il arrive en face de mon lit.

"'Oh, abandonnez et laissez les pauvres lions et léopards dormir un peu", dis-je.

« Je suis né à Shermany », dit-il.

"'Ne laisse pas cela t'empêcher de dormir, mon vieux', dis-je. 'Que dit le prophète ? 'Si un chat met des chatons sur une assiette à poisson, ce ne sont pas nécessairement des harengs."

« Je suis un Sherman », dit-il.

"'Tu as été si longtemps avec des hommes blancs que personne ne le savait', dis-je. 'Oublie ça, et je ne dirai rien sur toi. Eh bien, tu n'as pas vu Shermany depuis trente ans, et tu le ferais. Je ne connais pas une tête carrée si vous deviez trébucher dessus. Allez vous coucher, M. Caruso.

"'Eh bien, je vais être un très bon Sherman maintenant, pour rattraper le temps perdu", dit-il d'un air sinistre, "et au cas où vous auriez des objections, je vous ferai remarquer que vous avez le double express." à proximité de votre estomac.

"Il m'a bien fait renflouer. Les disputes ne servaient à rien avec ces jurons. 'Je suis un Sherman' était tout ce qu'il disait ; et le lendemain, nous commençons à le diriger vers le territoire allemand, moi marchant devant appelant Gustav tous les noms sauf le sien, et lui marchant derrière, me poussant dans le dos avec le tromblon. Il a encore plus apprécié ce voyage que moi, il a dû me suivre toute la journée de peur que je l'esquive dans la brousse. et il est resté assis toute la nuit de peur que les garçons ne me sauvent. Il avait les yeux rouges comme un ours et sa silhouette tombait par seaux.

« Au bout d'un mois, nous avons traversé la frontière et suivi la trace des Deutscher – des villages incendiés partout, avec des corps mutilés de femmes et de picaninnies qui traînaient, des pieux enfoncés à travers eux, Waugh !

"'Es-tu toujours un Sherman ?' Je demande, mais Gustav ne dit rien, il était quand même un peu blanc à cause des branchies. Puis un matin, on tombe sur une de leurs colonnes et le jeu est terminé, on me donne quelques coups de *kiboko* en guise de bienvenue. traîné devant le Commandant, un petit crique court aux cheveux jaunes, avec une mâchoire sculptée à la main et des lunettes. Il a diagnostiqué mon cas comme étant grave, m'a prescrit encore du *kiboko* , et j'ai été enfermé dans une cabane en herbe sous surveillance, en attendant les obsèques.

"Les officiers ont traité Gustav de bon sport, lui ont donné un cigare six par quatre et l'ont emmené dîner. J'ai remarqué qu'il m'a regardé une ou deux fois. Alors je m'assois dans la cabane et médite sur les sens de certaines personnes. d'humour, avec un gros mâle Askari qui le rembourre de haut en bas à l'extérieur, profitant des heures ensoleillées avec un peu d'entraînement à l'éventration avec sa baïonnette.

"Quelques jours s'écoulent pendant que la colonne est partie, répandant la bonne parole avec le feu et le pieu. Puis, la troisième nuit, j'entends une bagarre à l'extérieur de la cabane, et l'Askari fait un saut périlleux à reculons à travers le mur d'herbe comme si un tremblement de terre avait eu lieu. lui a donné un coup de poing dans la poitrine. Il a donné quelques coups de pied et s'est allongé comme s'il était fatigué.

"'Whist ! C'est toi, Bill ?' vient un murmure à travers le trou.

"'Que reste-t-il de moi', dis-je. 'Qui es-tu ?'

« Moi – Gustav », dit le chuchoteur.

"'Qu'est-ce qui se passe cette fois-ci ? Me capturer à nouveau ?' dis-je.

"'Non, je te sauve maintenant', dit-il.

« Tu es le diable », dis-je, et sur ce, je me suis glissé à travers le trou et je l'ai suivi sur le ventre. Une sentinelle a donné la langue au bord des broussailles, mais Gustav s'est levé de l'herbe et l'a cogné derrière le oreille et nous avons continué.

"'Eh bien, vous êtes un charmant artiste aux changements rapides, capturant un type à un moment donné et le sauvant le moment d'après", dis-je à présent. "Qu'est-ce qui vous a pris ? N'êtes-vous plus un Sherman ?"

"Gustav gémit comme si son cœur était brisé. 'J'ai été absent trente ans. Je ne savais pas qu'ils étaient comme ça ; j'avais oublié. Oh, mon Dieu, quel porc !' Il crache comme un homme qui a bu de la bière aigre et nous avons continué à courir. »

"Ne t'ont-ils pas poursuivi ?" J'ai demandé.

Guillaume hocha la tête.

"Mais ils n'ont pas pu attraper deux vieux chevreuils comme nous, et le lendemain nous sommes tombés sur une colonne britannique qui était à leur chasse. Ce fut une joyeuse rencontre. Gustav s'est enrôlé avec les Britanniques sur place."

William tapota dans sa main la lettre souillée par le voyage. "Cela vient de lui. Il est à Nairobi, blessé. Il dit qu'il est assis en train de se nourrir, et que la grand-tante Gretchen lui est de nouveau apparue et lui a montré une pipe en diamant dans le Khali Hari, ce qui nécessitera un peu de recherche. dans *l'après-guerre* - s'il y a jamais un *après* .

XIX

UNE CURE DE REPOS

Il n'y a pas si longtemps, un avis est apparu dans la partie II des ordres selon lequel notre armée avait établi une maison de repos à X où les officiers invalides pouvaient être envoyés pour une semaine de récupération.

X est désormais un lieu très agréable, constitué d'une foule de châlets de maisons de poupées posés entre la fraîcheur des pins et la mer.

Les châlets sont étiquetés diversement « Villa des Roses », « Les Hirondelles », « Sans Souci », etc., et, pendant les étés des années plus heureuses, ils pullulaient de bourgeois confortables, d'enfants aux jambes nues et de nannas bretonnes ; mais en ces temps difficiles, un panneau au-dessus du portail de la "Villa des Roses" annonce que le sous-directeur de l'agriculture se trouve là en train de méditer sur la récolte de moutarde et de cresson, tandis que "Les Hirondelles" et "Sans Souci" abritent respectivement le Base Press Censor (dont le pinceau à goudron planait sur cet article parfaitement inestimable) et un peloton du DLOLRRVR (Duchess of Loamshire's Own Ladies' Rabbit Rearing Volunteer Reserve).

X, comme je l'ai déjà dit, est un endroit extrêmement agréable ; vous pouvez vous pencher par la fenêtre le matin et regarder la sergent-major du DLOLRRVR faire faire à son peloton des mouvements de singe suédois, et l'après-midi, vous pouvez vous allonger sur le sable et les regarder s'amuser dans les vagues joyeuses de la mer (télescopes dépassant du fenêtres supérieures de la "Villa des Roses" et de "Sans Souci" suggérant que l'ADA et le BPC sont employés de manière similaire).

Entre-temps, on peut se servir de l'ozone de la mer, de la résine des pins et des cocktails au champagne que Marie-Louise prépare si habilement dans le petit café du coin ; et d'une chose à l'autre, l'officier invalide retourne à la ligne en sautant comme un cochon, apte à hacher des brigades entières de Huns à dents nues.

X, vous l'aurez compris, est une institution très admirable, et quand nous avons entendu parler de cette Maison de Repos, nous étions tous d'accord et avons essayé de cultiver de la fourrure sur la langue, des jarrets coiffés et des méningites cérébrales ; mais le capitaine a endurci son cœur contre nous et il n'y avait rien à faire.

Puis, un matin, MacTavish s'est retrouvé dans les files d'attente, est tombé contre un poteau, a brisé sa montre-bracelet et se serait rendu insensé si cela avait été possible.

Il s'est relevé, s'est excusé de s'être ridiculisé devant les chevaux, s'est réparé le cuir chevelu avec du plâtre provenant de son respirateur, a emprunté ma montre de réserve « Pretty Polly » et a continué.

"Pretty Polly" peut faire deux tours de celui de n'importe quelle autre montre sans faire tourner un spiral. Extérieurement, elle ressemble beaucoup à n'importe quel autre chiot mécanique que l'Ordnance vous vend onze francs net ; son secret réside dans son ressort, qui, j'imagine, devait être destiné à "Big Ben", mais a sauté par erreur dans le mauvais châssis.

En tout cas, dès qu'elle est remontée, elle se déchaîne à gauche et à droite avec une telle violence que toute la machine bondit sous le choc de sa lutte interne et sautille sur la table à la manière d'un haricot dansant mexicain, en gloussant comme une autruche. qui a pondu des jumeaux.

On comprendra que mon "Pretty Polly" n'est pas la syllabe ultime en termes d'exactitude, mais comme MacTavish semblait la vouloir et avait été gentil avec moi en termes de bâtons de polo, je l'ai remise sans murmurer.

Le même après-midi, MacTavish s'est de nouveau retrouvé dans une situation de hésitation, a plongé dans un tas de briques et s'est assommé pour le décompte complet.

Nous l'avons mis au lit et avons signalé le vétérinaire. Le vétérinaire a signalé que la température de MacTavish était bien au-dessus de la moyenne et en plein essor. Il a poursuivi en déclarant que MacTavish souffrait de PUO (qui signifie « grippe » en espagnol) et qu'il ne résisterait probablement pas à la nuit.

Le capitaine a immédiatement téléphoné à OC Burials pour l'inviter à dîner le lendemain soir, et Albert Edward a télégraphié à son tailleur pour lui demander ce qui était porté sur les pierres tombales.

William, notre président du mess, a pris position aux côtés du malade dans l'espoir qu'il reprenne conscience assez longtemps pour régler sa facture de mess, et le reste d'entre nous a passé la soirée à se remémorer les souvenirs du pauvre vieux Mac, ses nombreuses qualités remarquables. , etc.

Cependant, le lendemain matin, un homme chauve-souris a passé la tête dans le mess et a demandé à M. MacTavish d'avoir un peu de whisky, s'il vous plaît, il en avait envie, et de toute façon, vous ne pouviez pas forcer quoi que ce soit à tout cela, ne le grondez pas si vous deviez utiliser un peu trempé.

A midi, l'homme chauve-souris était de retour pour dire que M. MacTavish avait maintenant envie d'une cigarette, ainsi que d'un prêt du gramophone et de quelques disques joyeux.

Le capitaine a immédiatement téléphoné pour reporter les enterrements d'OC, et Albert Edward a télégraphié à son tailleur, modifiant sa commande pour celle d'un gilet canari.

Ce soir-là, MacTavish entra en titubant dans le mess et réussit à s'entourer d'un peu de soupe, de deux côtelettes et d'une bouteille de vin blanc sans se retrouver à nouveau en hésitation.

Mais pour autant, il n'était pas à son meilleur ; il zigzaguait dans sa démarche, son œil était terne, son nez chaud, son oreille froide et tombante, et le capitaine, le regardant, se souvint du passage de la partie II des ordres et s'assit aussitôt et demanda que MacTavish soit envoyé immédiatement à X. , ajoutant une image au stylo si graphique de l'invalide (la plupart copiée à partir d'un témoignage sur les pilules contre le mal de dos de quelqu'un) au point de nous faire pleurer et de renvoyer MacTavish dans son lit, gravement secoué, pour savoir à quel point il était malade.

Le capitaine a envoyé sa photo au QG et a tout oublié, et apparemment le QG aussi, car nous n'avons plus rien entendu, et en temps voulu, nous avons tout oublié nous-mêmes, et entre-temps, MacTavish s'est remis en forme, et MacTavish en la forme n'est pas un lys qui rétrécit, soit dit en passant.

Il a une silhouette qui teste chaque point de son Sam Browne, un œil bleu vif et un teint qu'une application externe de temps mitigé et une application interne de porto fauve a peint la teinte de la betterave.

Puis soudain, comme une bombe venue de nulle part, une ambulance haleta jusqu'à la porte et présenta un bon de QG indiquant que le corps de MacTavish lui serait livré immédiatement pour qu'il soit transporté vers X.

À l'époque, le capitaine était en train de pirater et Albert Edward était aux commandes ; il envoya un infirmier voler à MacTavish, qui sortit de sa tente en chantant "My Friend John" à tue-tête et ressemblant plus que jamais à une betterave suralimentée.

"Foncez tout, je ne veux pas aller dans leur foutue morgue", cria-t-il ; "Je ne me suis jamais senti aussi en forme de ma vie. Je ne peux pas y aller, je n'y vais pas !"

"Il le faudra", dit Albert Edward; "Je ne peux pas décevoir le capitaine après cette photo au stylo qu'il a écrite; le personnel ne croirait jamais un mot de ce qu'il a dit. Non, MacTavish, mon fils, tu devras jouer au jeu et partir."

"Mais, espèce d'âne, regarde-le", gémit le Bébé ; "Regarde son teint vermeil, rubis, tomate-ketchup, prune et pomme. Qu'est-ce que tu vas faire à ce sujet ?"

"Je vais arranger son teint", répondit sombrement Albert Edward; "Dites à son homme de jeter sa brosse à dents dans le chariot à viande ; et toi, Mac, viens avec moi."

Il conduisit MacTavish, violemment protestataire, dans la cuisine. Le cuisinier me dit qu'Albert Edward a mis deux poignées de farine sur le teint de MacTavish et a rempli ses orbites de poussière de charbon, et je crois entièrement le cuisinier, car au bout de cinq minutes, je suis tombé sur Albert Edward en traînant ce que j'avais d'abord pris. être le corps d'un Pierrot mort dans le passage vers l' ambulance qui l'attend, tout en l'exhortant à jouer le jeu et à vaciller pour le bien du capitaine.

Le misérable MacTavish, étouffé par la farine et aveuglé par la poussière de charbon, vacillait comme un Clydesdale en chancelant.

J'ai vu un infirmier effrayé du RAMC sortir de la voiture et aider Albert Edward à hisser MacTavish à bord, à le faire trébucher et à le coincer sur une civière. Puis l'ambulance toussa rapidement hors de vue.

La semaine impartie s'écoula mais aucun MacTavish ne revint vers nous comme un géant rafraîchi à grandes bouffées de résine, et nous devinmes anxieux ; Cette anxiété ne s'est pas atténuée lorsque, en réponse aux demandes du capitaine, les autorités de la maison de repos ont nié toute connaissance de lui.

Dieu sait ce que nous aurions dû faire si une lettre de MacTavish lui-même n'était pas arrivée le lendemain matin, disant qu'il était resté allongé sur le dos dans l'ambulance, retirant la poussière de charbon de ses yeux et crachant de la farine jusqu'à ce que la voiture s'arrête, non, à sa grande surprise, à la maison de repos, mais dans une station d'évacuation des blessés.

Des infirmiers du RAMC, reniflants, le portèrent tendrement jusqu'à une tente et un médecin entra, reniflant également. MacTavish est d'avis que l'ensemble du personnel médical souffrait de PUO et que le médecin était le plus malade du groupe et loin d'être fiable.

Quoi qu'il en soit, en voyant le visage de MacTavish, il éjacula un « Bon Dieu ! » bronchique. et déchirant la tunique de MacTavish, colla une trompette contre son ventre et écouta les tiques.

Apparemment, il a entendu quelque chose de sensationnel, car il a poussé un autre « Bon Dieu ! et décoré MacTavish d'une étiquette écarlate.

En moins d'une heure, notre héros s'est retrouvé à bord d'un train de la Croix-Rouge *en route* vers la côte.

Il y avait beaucoup de blessés joyeux dans le bus, récupérant toute la soupe et la gelée qu'ils voulaient ; mais MacTavish ne reçut que du lait tiède et très peu de lait. Des bribes de conversations à voix basse qu'il avait captées ici et là, il comprit que sa vie ne tenait qu'à un fil.

Il se sentait très déconcerté et déprimé, dit-il, mais, se souvenant de son devoir envers le capitaine, il jouait au jeu et restait corps et âme ensemble avec des gouttes de gelée subrepticement demandées aux joyeux blessés.

Le lendemain matin, il s'est retrouvé à l'hôpital en Angleterre, où il se trouve toujours. Il dit qu'il a été promu du lait chaud aux boissons froides, mais qu'il risque toujours de mourir à tout moment, comprend-il.

Il a découvert qu'il avait été renvoyé chez lui avec une "maladie cardiaque galopante", mais personne à l'hôpital ne peut en sortir ne serait-ce qu'un trot, et des conseils de médecins érudits s'assoient sur lui toute la journée, leurs trompettes plantées sur son ventre écoutant le signal. tiques.

MacTavish dit qu'il pense qu'il est improbable qu'ils entendent un jour des tiques maintenant, pour l'excellente raison qu'il a jeté la cause de celle-ci – ma « Jolie Polly », à savoir – par la fenêtre le jour de son arrivée.

Dans un post-scriptum, il ajoute qu'il estime avoir joué le jeu assez loin et que si le capitaine ne vient pas le sauver bientôt, il mordra les savants médecins, embrassera les infirmières, chantera "My Friend John" et déshonorera. le régiment pour toujours.

XXX

LES HARRIERS (I)

Les Boche ayant récemment fait une retraite – « retraite stratégique », « ajustement tactique », « évasion élastique », ou peu importe comment Ludendorff l'appelle cette semaine – en termes clairs, les Boche, ayant glorieusement trotté à reculons sur une certaine partie de la France, Albert Edward et moi nous sommes retrouvés attachés à un QG de corps opérant dans un désert de champs d'herbe, de villages en ruines et de châteaux fumants.

Un soir, Albert Edward flânait jusqu'au poulailler que j'occupais à ce moment-là et discutait avec moi à travers les fils pendant que je me rasais.

"Emplacez aujourd'hui dix-sept lièvres et dix bandes de perdrix en visite dans les avant-postes - suivez mon conseil et ôtez cette moustache pendant que vous y êtes, cela doit être une lourde charge pour votre système - et vingt lièvres et quatre bandes rentrent chez vous. Faites vous trouvez que faire mousser les oreilles améliore leur croissance, ou quoi ?

"Le pays grouille de gibier", dis-je, ignorant ses personnalités, "et ici nous sommes suspendus corps et âme à un biscuit pour tyran et chien."

" Exactement ", dit Albert Edward, " et en attendant les *lapins festifs* se reproduisent et se reproduisent. Vous est-il déjà venu à l'esprit que si rien n'est fait bientôt, la triste histoire de l'Australie se reproduira ici en Picardie ? " donne une chance aux lapins et en peu de temps ils auront mangé toutes les récoltes de France. Eh bien, sur la Burra que j'ai vue... "

« Un instant, » dis-je ; "Si j'écoute à nouveau votre histoire de lapin sud-australien, vous devez écouter mon histoire sur les criquets sud-africains ; ce n'est que justice."

"Oh, tais-toi," grogna Albert Edward ; "Tu ne comprends pas que cette question est extrêmement sérieuse ?"

« Mieux vaut leur mettre les Tanks dessus alors », suggérai-je ; "Ils s'amuseraient bien, et la Coupe Waterloo n'y figurerait pas : le whippet bringé du capitaine Monkey-Wrench, 'Sardine Tin', 6 contre 4 ; le 'Pig Iron' du Major Spanner, 7 contre 2 ; même l'argent du terrain. "

« Votre humeur est un peu tendue, » dit Albert Edward ; "Si vous n'y faites pas attention, vous ferez une blague au détriment d'un tendon, un de ces jours."

« Écoutez, » dis-je en essuyant le sang de mon rasoir de sûreté, « vous avez manifestement du mal à exprimer une onde cérébrale lourde ;

"Et une meute de busards ?" dit Albert Edouard. "Il doit y avoir des nuées de gamins sportifs, des Fidos fidèles qui sont restés fidèles à la chère vieille ferme contre vents et marées, et aussi des animaux réfugiés qui suivent les cuisinières d'infanterie au parfum doux. J'ai mon vieux cor de chasse; vous avez J'ai récupéré votre ancienne récolte ; entre les deux, nous devrions être capables de les mobiliser un peu et de mettre fin à ces fichus lièvres. Je vais essayer de toute façon, je peux dire que je considère cela comme un devoir. »

« Vu sous cet angle, c'est un devoir sacré », dis-je ; "et... euh... d'ailleurs, nous pourrions en récolter une cuisse de lièvre de temps en temps, n'est-ce pas ?"

"Au fait, oui", dit Albert Edward, "et un peu de sport par-dessus le marché, en passant."

Nous nous sommes donc mis à récupérer une meute sur-le-champ en offrant à nos domestiques cinq francs par chien probable et sans poser de questions.

Aucune question n'a été posée, mais j'ai le fort soupçon que nos messieurs sont restés éveillés toute la nuit et qu'il y a eu de sombres actions commises en pleine nuit, car dès le lendemain soir, mon palefrenier et compatriote nous a présenté une facture de quarante-cinq francs. .

Les chiens, nous a-t-il informé, étaient parqués « dans un petit endroit semblable à une glacière » à l'extrémité nord du parc du château, et que « de toute façon, un aveugle lui-même ne pourrait pas les manquer avec les cris et les cris ». " Ils crient qu'ils veulent des raisins secs à cause du confinement. "

J'avais rendez-vous avec le Q. Staff (pour expliquer pourquoi j'avais demandé soixante-quatre rations pour chevaux alors que je ne possédais que trente-deux chevaux, l'excuse selon laquelle ils jouissaient tous d'un très bon appétit ne suffisait apparemment pas), alors Albert Edward se rendit chez lui. inspectez le pack seul.

Il est arrivé très tard au mess, l'air chaud et échevelé.

« Ma parole, ils ont pillé une ménagerie fleurie », haletait-il à mon oreille ; "Pourtant, je ne pouvais pas m'attendre à ramasser des chiots Pytchley dans chaque buisson, je suppose."

"Qu'est-ce qu'ils ont, au fait ?" J'ai demandé.

"Deux couples de chiens de trait légers belges - vous savez, du genre à s'accrocher à n'importe quelle charge trop lourde pour un cheval - un beagle asthmatique, un limier anémique, un loup domestique, un caniche défroqué et une sorte de carlin hydropique. "

"A quoi sert le carlin ?" J'ai demandé.

"Chance", dit Albert Edward. "Votre acolyte dit 'ce genre de petits chiens vous portent chance', et il appuie cela avec une histoire très convaincante d'un de ses oncles à Bally - quelque chose qui avait un chien chanceux - 'comme ça, ici comme deux crachats. , à l'exception peut-être de la moindre petite frisure de la queue - qui assurait une immunité complète contre les fantômes, les maléfiques sorcières et les ongles incarnés, je le trouvais bon marché à cinq francs.

"Mais, bon Dieu, ces gens-là ne chasseront jamais le lièvre", protestai-je.

"N'est-ce pas ?" » dit sombrement Albert Edward. "Avec le seul repas qu'ils verront jamais caracoler devant eux, et toi et moi caracoler derrière eux en les flagellant avec des scorpions, j'imagine plutôt qu'ils le feront. Au fait, je sais que cela ne vous dérangera pas, mais je J'ai dû déplacer ton lit sous le châtaignier ; c'est vraiment un très bon arbre comme arbre.

"Mais pourquoi je ne peux pas m'arrêter dans mon poulailler ?" Je m'y suis opposé.

"Parce que je viens de déplacer la meute là-bas", dit-il.

"Mais pourquoi?" J'ai continué. "Qu'est-ce qu'il y a avec la glacière ?"

« C'est exactement ça », m'a-t-il sifflé à l'oreille ; " ce n'est pas une glacière, ça n'a jamais été le cas ; c'est le caveau de la famille De Valcourt. "

Le lendemain étant propice, nous avons décidé de tenir notre première rencontre ce soir-là et avons lancé quelques invitations. Le vétérinaire et le caissier de terrain ont promis de se présenter, ainsi que le Padre, une fois que le caractère sacré de notre cause lui aurait été expliqué.

A midi, les "écuries" Albert Edward rapporta la meute en pleine forme. "Je déclenche un vacarme effrayant et j'ai l'air assez désespéré pour chasser un saint ange", dit-il. "A cinq heures, mon garçon, Hard forrard ! Tally-ho ! et Odds-boddikins !"

Mais à 16h45, au moment où je montais, il est apparu dans mes lignes en pantalon et avec une expression très abattue.

"Délavé", grogna-t-il; "ils ont été nourris et traînent maintenant, explosés et morts pour le monde."

"Mais qui diable les a nourris ?" J'ai tonné.

"Ils se nourrissaient tout seuls", a déclaré Albert Edward. "Ils ont mangé le chien porte-bonheur en fleurs à quatre heures et demie."

Nous remettions donc la chasse au lendemain ; mais le cannibalisme (c'est ce que les cannibales m'assurent), une fois qu'on s'y livre, devient aussi absorbant que la morphine ou les scies sauteuses, et à deux heures quinze le lendemain après-midi, mon palefrenier a signalé que le beagle avait suivi le chemin du carlin, et la meute une fois de plus. mort au monde.

Il n'y avait rien d'autre à faire que de reporter une fois de plus le spectacle et d'attacher chaque chien séparément, par précaution contre de nouvelles orgies.

Cependant, cela semblait être devenu une habitude chez eux, car au moment où ils furent lâchés, le soir du troisième jour, ils se tournèrent comme un seul chien sur le caniche.

J'essuyai le nez du limier d'un coup habile de mon fouet, et le destrier d'Albert Edward ancra le loup domestique en marchant fermement sur sa queue, ce qui servit à donner au fugitif un sursaut de quelques secondes ; puis une vague de chien enragé s'est précipitée entre les jambes de nos chevaux et était sur sa piste en criant du sang.

Le caniche entendit le cri et ne tarda pas, mais le fit partir avec rapidité et agilité. Il traversa le verger en courant de cinq longueurs ; mais la bonne route qui traversait le parc réduisit son avantage. Il plongea à travers la clôture et, avec le souffle chaud du limier brûlant les plumes de sa queue, sauta à l'arrière d'un grand chariot de ferme qui, par hasard pour lui, serpentait sur la grande route.

Dans les brancards de la charrette se trouvait une grosse jument percheronne endormie. Sur le siège se trouvait une lourde fermière, vêtue d'un noir respectable et couronnée d'un bonnet de perles. Ils faisaient probablement une excursion sentimentale dans les ruines de leur ferme. Je ne sais pas; mais je sais que la grosse jument fut soudainement sortie d'une agréable somnolence pour se retrouver au centre d'une meute frénétique de loups, de limiers et d'autres voyous de chiens, et, n'aimant pas l'apparence des choses, s'enfuit aussitôt.

Albert Edward et moi sommes tombés par-dessus la haie basse pour voir la charrette disparaître sur la route dans un tourbillon de poussière poursuivie par nos busards bruyants.

La grosse paysanne, le bonnet vacillant sur une oreille, tirait vaillamment les rênes et hurlait à saint Lazare d'Artois de freiner. Au-dessus du hayon dépassait la tête du caniche, criant de dérision envers ses ennemis déconcertés.

On vous dira que les Percherons ne savent pas galoper ; n'est-ce pas ? Croyez-moi, cette jument grise voltigeait comme une gazelle effrayée. En tout cas, elle était trop bonne pour notre meute, que nous rencontrâmes à un kilomètre de distance, couchés sur le dos dans un fossé, trop épuisés pour faire autre chose que nous tirer la langue, tandis qu'au loin nous apercevions un petit nuage de la poussière se dirige vers l'horizon.

« Que Dieu aide le contrôleur de la circulation au prochain virage », songea Albert Edward ; "Il ne saura jamais ce qui l'a frappé. Eh bien, c'était plutôt joyeux tant que cela a duré, quoi ? Voir ce purler que le Padre a repris le mur du jardin valait à lui seul l'argent."

"Oh, eh bien, je suppose que nous ferions mieux de rassembler ces périssables dans des chenils pendant qu'ils sont encore trop faibles pour protester. Allez."

"Et pendant ce temps, le *lapin festif* se reproduit et se reproduit", a déclaré Albert Edward.

XXXI

LES HARRIERS (II)

Albert Edward et moi étions assis sur une bûche à l'extérieur du poulailler qui abritait notre meute lorsque nous avons aperçu Algy, l'ADC, qui trébuchait délicatement vers nous. Albert Edward envoya un baiser. "Bonjour, Algy. Comme il a l'air *ridicule* dans son rose et tout ! Dites-moi, est-ce que les gens vous prennent parfois pour un employé de cinéma et vous donnent des sous ?"

"Bonjour, Algy", dis-je. "Vous avez passé une matinée épuisante à porter le respirateur du vieil homme – avec son déjeuner à l'intérieur ?"

Pour toute réponse, Algy me fit basculer le rondin à l'envers et, s'asseyant à ma place, contempla nos chiens pendant quelques secondes.

"Et ce sont les fameux Hare-'em Scare-'ems ?" » s'enquit-il.

J'ai hoché la tête. "Oui, monsieur ; absolument le seul et unique groupe de busards opérant dans la zone de guerre. Garanti avec une arme cassée, choquée par un obus, piqué par des éclats d'obus et mordu par balle."

Algy renifla. "Qu'est-ce que c'est que cette grosse brute dans le coin, celui au visage froissé et au sourire barbelé ? On dirait un limier."

"C'est un limier", a déclaré Albert Edward. "Si vous ne me croyez pas, entrez et comportez-vous un instant comme un rumsteck cru."

Algy pointa sa canne. "Et cette créature qui s'épouille assidûment ? C'est un loup, bien sûr ?"

"Son loup n'est qu'à la surface", dis-je. "Un regard gris l'a presque anéanti hier. À mon avis, c'est un mouton déguisé en loup."

Algy agita sa canne, désignant les deux couples restants.

"Et ceux-là ? Quelle race les appelleriez-vous ?"

Albert Edward grogna. "Vous pouvez les appeler n'importe quelle race et avoir en partie raison. Nous les avons nommés 'Les Maconochies', ce qui, interprété, signifie un peu de tout."

"Et combien de lièvres as-tu tué ?" » s'enquit Algy.

"Nous n'en avons pas encore tué exactement," dis-je, "mais nous leur avons mis la brise ; leur *moral* est très bas."

"Eh bien, mes audacieux Nimrods", dit Algy, "je suis désolé de dire que le jeu est terminé."

« Qu'entends-tu par « jeu » ? » objecta Albert-Edouard. "Je vous ai déjà dit qu'il s'agissait d'une tentative sérieuse pour éviter une invasion de rongeurs. Eh bien, en Australie, j'ai vu——"

Algy leva la main.

"Je sais, je sais. Mais certaines personnes qui n'ont pas apprécié votre pénible expérience coloniale sont un peu sceptiques. Écoutez. Hier soir, alors que je rentrais chez moi avec le vieil homme en passant par Vaux-le-Tour, qui devrais-je voir à part vous deux chasseurs sur le flanc de la colline descendant un lièvre, suivis à quelque distance par trois barges à cheval... "

"Le Padre, le caissier de campagne et OC Bugs", expliqua Albert Edward. "Nous en faisons des hommes. Continuez."

— « suivi à une distance encore plus grande, » continua Algy, « par une bande de métis enragés. À propos, ne prenez-vous pas votre chasse à l'envers, la charrette avant les bœufs, pour ainsi dire ? il est d'usage que les chiens passent en premier.

"Dans certains cas, le lièvre ne saurait pas qu'il est chassé s'il le savait", dis-je. "C'en est un. Allez de l'avant."

"Eh bien, jusqu'ici tout va bien ; le vieux monsieur somnolait dans son coin et il n'y a eu aucun mal."

"Alors vous lui avez donné un coup dans les côtes, je suppose, et vous avez bêlé : 'Oh, regardez les vilains garçons qui courent après un lapin dégueulasse !", ricana Albert Edward.

Algy secoua la tête. "Pas moi. Tu l'as réveillé toi-même, mon fils, en sonnant sur ta petite trompette de fer blanc. Il l'a entendu dans ses rêves, lancé avec un 'Bon Dieu, qu'est-ce que c'est ?' Il a passé la tête par la fenêtre et a vu la courageuse cavalcade se dérouler le long de la ligne d'horizon comme dans un film comique. Il a bu la scène animée, puis s'est tourné vers moi et a dit :
"

Albert Edward l'interrompit. "Je sais exactement ce qu'il a dit. Il a dit : 'Algy, mon garçon, c'est l'esprit. *Vive le sport* ! Comme cela nous rappelle nos jeunes années dans la péninsule ! Notre cousin de Wellington nous a souvent fait remarquer à quel point Waterloo a été gagné en jouant——'"

Algy coupa le flux et continua son morceau. "Il m'a dit : 'Que Dieu bénisse mon âme, si ces jeunes diables ne font pas un lièvre au galop !' J'ai répondu : "Monsieur, ils soutiennent qu'ils font du bon travail en évitant une menace d'invasion de rongeurs, une situation qui s'est avérée très préjudiciable aux Antipodes."

" 'Peste menacée des grands-mères !' » répondit le vieux guerrier. « Ils s'amusent, c'est ce qu'ils font : ils s'amusent bien. Remarquez, je n'ai aucune objection à ce que vous, les jeunes, vous amusiez *en secret* , mais c'est tout simplement trop flagrant. imaginez le brouhaha dans la Chambre si la nouvelle de ces événements arrivait à la maison "BEF s'amuse ! Ne savent-ils pas qu'il y a une guerre ? *Cherchez le général* et partez avec sa tête ! " Faites le tour et voyez vos amis amateurs de chiens et dites-leur que s'ils aiment les bonnes œuvres, je recommande le crochet. " Ainsi, le général. Je dois partir maintenant, je dois emmener le vieil oiseau jeter un coup d'œil à la guerre.

Algy repartit délicatement de chez lui, faisant tournoyer sa canne et sifflant joyeusement. Avec amertume, nous l'avons vu partir.

"Je crois que la jeunesse se réjouit de répandre la tristesse", grogna Albert Edward. "Oh, eh bien, je suppose que nous allons devoir nous débarrasser des chiens maintenant. Les ordres sont les ordres."

"Mais tu penses qu'ils partiront ?" J'ai demandé. "Nous les avons nourris de temps en temps ces derniers temps."

"Nous les rassemblerons là où ils pourront avoir vent des cuisinières d'infanterie", a déclaré Albert Edward; "Une fois qu'ils auront reniflé le vieux ragoût rare, ils nous oublieront."

En conséquence, une heure plus tard, nous avons libéré notre meute du poulailler pour la dernière fois. Ils ont immédiatement poursuivi un chaton tigré errant, qui a émis un bruit semblable à celui de nombreux siphons et a grimpé dans un arbre, les déroutant complètement. Nous les avons rapidement fait sortir du parc du château, Albert Edward marchant en tête, faisant sortir une musique lugubre de son cor, et moi fermant la marche, faisant claquer mon fouet sous la poupe des retardataires. Nous avions à peine quitté le parc pour nous rendre dans les prairies au-delà qu'un lièvre sauta juste sous nos pieds, et la meute s'éloigna en se réjouissant, basse et fausset.

Albert Edward arrêta sa jument excitée. "Regardez ces salauds !" il cria. "Chasser le nez à la manière de pukka pour la première fois, simplement parce qu'ils savent que nous ne pouvons pas les suivre. Oh, c'est trop !"

"Je ne vois pas pourquoi nous ne devrions pas les suivre à distance", dis-je. "Nous pouvons faire comme s'il n'y avait pas de connexion - il n'y en a pas vraiment, nous ne les avons pas mis en contact. Ils sont à la recherche de leur propre. Nous sommes juste partis faire un tour.

Albert Edward m'a fait un clin d'œil et a donné la tête à sa jument. À ce moment-là, la meute avait traversé la plaine, le loup en tête, soutenu bruyamment par les Maconochies et le limier. Trois fois, le lièvre s'est dégagé et s'est accroupi, mais, grâce au nez infaillible du chien de sang, il a été chassé à chaque fois et a continué, échouant visiblement. Il a fait un virage serré vers le moulin à vent, et Albert Edward et moi avons franchi la clôture du meunier à temps pour voir les Maconochies le rouler parmi les mauvaises herbes. Nous avons également vu sur l'autoroute derrière le moulin quelque chose que nous n'avions pas remarqué auparavant, à savoir une limousine grise. Sur un arbre tombé au bord de la route était assis le général, le visage aussi coloré que son chapeau. Algy trébucha vers nous, dans l'allée du jardin, faisant tournoyer sa canne et sifflant joyeusement. Albert Edward gémit.

"Quelque chose dans l'attitude de ce jeune me dit qu'il porte notre arrêt de mort. Ici, vous tenez les chevaux pendant que je nourris la guillotine. C'est de loin, de loin, la meilleure chose que j'ai jamais faite."

Il jeta ses rênes et chancela vers sa perte. Je l'ai vu s'approcher à moins de cinq mètres du vieil homme lorsqu'une chose étrange s'est produite. Le général poussa soudain un grand cri et, se levant d'un bond, il se mit à danser sur la route, se déchirant, se déchirant et jurant si outrageusement que j'avais du mal à retenir les chevaux. Son chauffeur et Algy se précipitèrent à ses côtés, et eux et Albert Edward se regroupèrent en un cercle sympathique tandis qu'il dansait, délirait et se battait au milieu d'eux. Bientôt, l'air semblait rempli de tuniques volantes, de chemises, de camisoles, etc., et une seconde plus tard, j'assistai au spectacle extraordinaire d'un lieutenant-général dansant pratiquement nu (en attendant sa casquette et ses bottes) au milieu d'une autoroute française. , tandis que deux subalternes et un soldat le frappaient partout et très chaleureusement. Cela a continué pendant près d'une minute, puis il a semblé se maîtriser et a été emmené par Algy jusqu'à sa voiture, le chauffeur le suivant, récupérant ses vêtements dans les arbres et les buissons. Albert Edward, un sourire narquois frémissant, se releva et prit ses rênes. " Par Jupiter ! encore sauvé. Il ne peut pas très bien mordre la main qui lui a donné la fessée, n'est-ce pas ? "

"Mais qu'est-ce qui se passait donc ?" J'ai demandé. "Une crise de folie religieuse, une pénitence, quoi?"

"Il s'est assis sur un waspodrome", a déclaré Albert Edward, "et ils l'ont suivi."

XXXII

LA CAMÉRA NE PEUT PAS MENTIR

Quand j'étais jeune, j'étais extrêmement beau. J'ai des preuves documentaires pour le prouver. Il existe une photographie d'un jeune homme debout, dos à un paysage marin déchaîné, une main posée légèrement sur un volume de Shakespeare, lui-même soutenu par une table rustique. Le jeune homme a de grands yeux innocents, une bouche en bouton de rose et de longues boucles dorées (le genre de ce que ce pauvre cher vieux Romney faisait gentiment). Pour le reste, il est habillé avec goût d'un costume court en velours, d'un col en dentelle et de chaussettes en soie blanche. « *Petit Lord Fauntleroy* », vous murmurez-vous. Non, Monsieur (ou Madame), c'est MOI – ou plutôt c'était moi. Quand j'étais jeune, aucune fille ne se croyait convenablement mariée à moins que j'assiste à la cérémonie, que je me leve comme un lapin précieux et que je m'attache à l'extrémité de sa traîne. Aujourd'hui, je ne suis plus si beau. C'est vrai, vous pouvez pousser un cheval devant moi sans lui bander les yeux et tout ça, mais personne ne me prend jamais pour Maxine Elliott.

Personnellement, j'étais tout à fait disposé à être représenté à la National Portrait Gallery par une copie couleur de la présentation décrite ci-dessus, mais les autorités de mon pays pensaient autrement et la dernière fois que j'étais en permission en Angleterre - peu après la bataille d'Azincourt - elles m'ont chassé. direction Valpré. « Allez à Valpré, dirent-ils ; "il est tellement artistique." Je me rendis donc à Valpré et fus accueilli par une servante qui agita vaguement une main blanche vers une sélection de portes en murmurant : « Attendez là, s'il vous plaît. J'ouvris au hasard la porte la plus proche et entrai.

Dans la salle d'attente, trois autres servantes travaillaient sur des photographies. L'un d'eux peignait des fossettes sur la joue d'une dame ; un comblant les lacunes de la moustache d'un sous-lieutenant ; l'un redressant le saillant d'un gilet d'agent de change. Bientôt, la première servante réapparut et, un peu sèchement (j'attendais dans la mauvaise pièce, semble-t-il), m'informa que le Maître était prêt. Je suis donc monté à l'étage au bloc opératoire. Après un intervalle impressionnant, un rideau fut écarté et le Maître entra. Il ne ressemblait en rien à l'artiste de ma première photographie, qui avait gazouilli et joué des tours avec un singe en caoutchouc pour me faire dresser les oreilles et paraître sagace. Cet homme avait une crinière de caniche, un smoking somptueux à passementerie rococo, une cravate de satin, des bagues et des bracelets comme les gars de *La Bohème* , et je me savais en présence du véritable art et baissai la tête.

À ma vue, il grimaça visiblement ; je n'avais pas du tout l'air d'aimer mon apparence. Cependant il se ressaisit et s'avança en reconnaissance. Il m'a poussé sur une chaise, a manipulé quelques vis à l'arrière et j'ai trouvé ma tête solidement fixée dans une pince en acier. J'ai plaidé pour de l'essence ou de la cocaïne, mais il n'y a pas prêté attention et s'est dirigé vers l'autre bout du théâtre pour observer si la distance prêterait un enchantement. Apparemment, ce ne serait pas le cas. Plus il me voyait, moins il semblait admirer la vue.

Soudain, le feu de l'inspiration a allumé son œil et il est venu me chercher. J'ai eu du mal avec la pince, mais elle s'accroche comme un bull-terrier à une côtelette de mouton. En un instant, il m'a pris par la tête et a commencé à la modeler plus près du désir de son cœur avec des mains dodues et puissantes. Il enfonçait la moitié de ma mâchoire inférieure dans ma poche de poitrine, me pinçait les oreilles si fort qu'elles ne bougeraient pas pendant des semaines, appuyait mon nez avec son pouce comme s'il s'agissait du bouton d'une cloche électrique et me pétrissait généralement les traits du corps. du début de l'Hibernien à la fin du Gréco-Romain. Puis, avant qu'ils aient pu revenir à leur position normale, il avait bondi en arrière, tiré sur la longe et tiré avec la caméra.

Quelques semaines plus tard, les photographies terminées sont arrivées. Les servantes avaient fait leur part, et le résultat était un portrait agréable, un *objet d'art* , un ornement pour l'album de famille de chacun. L'homme Valpré était bien un artiste.

Il y a quelques jours, le capitaine m'a sifflé dans la salle des rapports. Sa table était jonchée de états de parade, de registres de chevaux et de bouts de carton, tous mélangés. Le capitaine lui-même semblait souffrir de graves troubles mentaux. Son front était plissé, sa toupet froissée et il suçait son stylo-plume, s'imbibant inconsciemment d'une nourriture sombre.

"Cartes d'identité", expliqua-t-il en montrant les fiches. "Je dois les porter maintenant. Respectez la réglementation italienne. J'ai essayé de vous décrire. Napoo." Il m'a poussé vers le résultat. Je l'ai scanné et j'ai décidé qu'il l'avait mélangé avec des registres de chevaux. Il se lisait comme suit : -

Né . . . . Oui.

Hauteur . . . . . . 17 mains.

Cheveux . . . . Baie.

Yeux . . . . Deux.

Nez . . . . Ondulant.

Moustache . . . . Accaparé.

Teint. . . . Naturel.

Marques spéciales. .

Le capitaine désigna l'espace vide. "C'est ce que je veux savoir : des marques spéciales. Vous en avez ? Cisaille, flambée, boulet blanc, n'importe quoi ?"

"Oui, monsieur", dis-je. "Tache de fraise sur gaskin."

Il suça pensivement son stylo-plume. « Mmph, » dit-il, « je ne devrais pas en parler si j'étais vous. Vous ne voulez pas avoir à vous déshabiller au milieu de la rue à chaque fois que vous rencontrez un renseignement, n'est-ce pas ? J'ai reconnu que je ne l'avais pas fait – pas avant juin, en tout cas. Le Skipper se tourna de nouveau vers la carte et fronça les sourcils.

"On ne pourrait pas exactement appeler cela une représentation parlante, cette petite photo de vous au stylo, n'est-ce pas ? Si seulement vous aviez une photo de vous maintenant."

"Oui, monsieur," dis-je vivement.

"Bon Dieu, mec, pourquoi ne l'as-tu pas dit avant ? Tiens, prends ça et colle le truc dedans. Maintenant, va-t'en au trot."

Je suis parti au trot et j'ai collé *l'objet d'art de Valpré* sur la carte.

Hier soir, Albert Edward et moi sortions d'une certaine ville italienne (pas de noms, pas d'exercice de meute). Albert Edward a été impliqué dans une dispute de priorité entre cinq chars à bœufs et deux camions, et j'ai couru devant. Aux limites de la ville se trouvait une barrière présidée par un couple de carabiniers caparaçonnés de matériel de guerre, de favoris et de bicornes du style popularisé par Bonaparte. Également officier. Alors que je passais la barrière, l'officier m'a aperçu et, n'aimant pas mon apparence (comme je l'ai déjà laissé entendre, personne n'aime), m'a fait signe de m'arrêter. Ai-je une carte d'identité, s'il vous plaît ? Je l'ai eu et je le lui ai remis. Il prit la carte et parcourut d'un œil attentif la petite photo à la plume du Patron et le « Portrait d'étude » de Valpré, puis leur prétendu original. "Lieutenant," dit-il sombrement, "ça ne correspond pas. Ce n'est pas vous."

J'ai protesté que c'était le cas. Il secoua la tête avec une grande conviction : "Jamais ! Le nez sur cette photo est droit, les oreilles retirées, la mâchoire normale. Pendant qu'avec vous... [La politesse continentale l'a retenu]. Lieutenant, vous devez venir avec moi."

Il fit signe à un caporal napoléonien qui s'approcha en faisant tinter son matériel de guerre. Je me suis vu poser pour un peloton d'exécution à l'aube grise et j'ai frissonné de partout. Je déteste me lever tôt.

À ce moment-là, le caporal m'avait débordé, faisant claquer encore plus de munitions, et j'étais sur le point d'être conduit à la Bastille, ou peu importe comment on l'appelle, quand Albert Edward s'est soudainement insinué dans le groupe et s'est adressé à l'officier. "Une demi-minute, Mongsewer [tout étranger est Mongsewer pour Albert Edward]. La photo est bien de lui, mais elle a été prise avant son accident."

« Son accident ? demanda l'officier.

"Oui", a déclaré Albert Edward; " Triste affaire, choc d'obus. Une croupe lui a presque éclaté au visage et l'a complètement déformé. Vous ne voyez pas ? "

L'Italien se pencha en avant et soumit mes traits rouges à un examen perçant ; puis ses yeux sombres s'adoucirent presque jusqu'aux larmes, et il me rendit ma carte et me salua.

"Monsieur, vous avez mes excuses et ma sympathie. Bonsoir."

"Albert Edward", dis-je alors que nous trottions vers le crépuscule, "tu es peut-être un véritable ami mais tu n'es pas un gentleman."

XXXIII

LIONEL TRELAWNEY

Lionel Trelawney Molyneux-Molyneux était de la race des Beaux. S'il avait prospéré à l'époque élégante, Nash aurait pris du tabac avec lui, du vin D'Orsay, rien de moins. En fait, les grands prêtres de Savile Row lui rendirent hommage, le bâton du *tailleur et du tailleur* inscrivit des chefs sur ses gilets, et les lys des champs gémirent « Kamerad » et se fanèrent.

Lorsque la guerre éclata, Lionel Trelawney sortit de ses confortables appartements de St. James's et y prit part. Il n'avait aucun enthousiasme pour les saignées. La guerre, affirma-t-il dès le début, était un passe-temps vulgaire, un état de choses révoltant et inconfortable qui ennuyait, obligeait à fréquenter toutes sortes de gens impossibles et ruinait ses vêtements. Il fallait néanmoins sauver le West-end d'une invasion de bottes à élastiques, de plastrons en celluloïd, de chapeaux tyroliens et d'avalements de soupe musicaux. C'était *son* objectif de guerre.

Grâce à l'influence d'une tante du War Office, il obtint immédiatement une commission, et après un mois de congé (passé enfermé avec son tailleur), il apparut, une silhouette brillante, dans le mess de l'infanterie légère de Loamshire et avec eux aventura. à Gallipoli. On raconte que pendant l'enfer de ce premier débarquement, alors que les bateaux chaviraient, les hommes blessés entraînés par des tentacules de fil de fer barbelé, les mitrailleuses fouettant la mer en écume sanglante, Lionel Trelawney fut observé debout sur une partie proéminente d'une barge. , ses lunettes fixées sur ses bottes de campagne immaculées, remarquant avec irritabilité : "Et maintenant, bon sang, je suppose que je dois me mouiller !"

Après l'évacuation, le bataillon se rendit en France, mais même la boue du saillant ou la limon de Festubert ne purent ternir sa splendeur. Chaque fois qu'il en avait l'occasion, il s'asseyait comme un chat et se léchait. Partout où il allait, son homme chauve-souris l'allait également, transportant un sac plein de matériel de nettoyage et de vêtements de rechange. Un jour, se précipitant pour prendre le train de départ, il poussa son destrier dans le canal de La Bassée. Il émergea, comme une divinité fluviale, abondamment décoré de mouron, son lunettes toujours dans l'œil ("Est arrivé comme un sous-marin clignotant", a déclaré un spectateur, "le périscope en premier"), l'a remis dans ses logements et a changé. , même si cela lui a coûté deux jours de congé.

Ce n'était ni un bon ni un officier passionné. Il n'avait pas peur – il avait un trop grand mépris pour la guerre pour en admettre la terreur – mais il restait sombre et ruminait éternellement et ne faisait aucun effort pour mettre le moindre enthousiasme dans son travail. Pourtant, malgré tout cela, les Loamshires le souffraient. Il avait son utilité : il amusait les hommes. Dans cette période tendue juste avant une attaque, où l' aiguille des minutes se rapprochait de plus en plus de zéro, où les nerfs étaient tendus et où les gens envoyaient des demandes anxieuses après les armes Lewis, les SAA, les civières, les bombes, etc., Lionel Trelawney disait : son Batman, "As-tu le cirage pour bottes et laiton, le Blanco, les brosses ? Bien sûr ?" (un soupir de soulagement). "Très bien, maintenant nous allons y aller", et ainsi envoyait ses gars grimper sur le parapet en souriant d'est en ouest.

"Où sont les vieux Collar and Cuffs ?" criait un guerrier boueux après qu'une tornade hurlante d'obus les ait balayés. "C'est un trou d'obus qui nettoie son teef", serait la réponse, et le peloton battu rit joyeusement. "'E est une carte, 'e l'est", dit son sergent avec admiration. "Il a marché quatre milles jusqu'à ses cantonnements dans son masque à gaz, il a péri, tout cela parce qu'il avait perdu son rasoir et qu'il ne s'était pas rasé depuis deux jours. C'est un cinglé et il n'y a pas d'erreur. "

Il arriva que les Loamshires furent chargés de traverser le fossé bien connu de M. Hindenburg et de prendre un village de l'autre côté. Une compagnie de chars, qui surgissait de la bruine de l'aube, crachant du feu par chaque fissure, mit sept sortes de canons en possession des messieurs Landsturmer ; et les Loamshires, ayant atteint leurs premiers objectifs avec des pertes très légères, poursuivirent leur deuxième au trot en pleine forme, la poupe levée et remuant fièrement. Les chars ont traversé le village, arrachant des éclats à l'architecture et bousculant les maisons qui gênaient ; et les Loamshires suivirent, distribuant des bombes dans les caves.

La consolidation était en cours lorsque Lionel Trelawney entra sur les lieux, se frayant un chemin délicatement parmi les débris de la rue principale. Il s'est allongé devant un groupe d'officiers du Loamshire, a bâillé, leur a dit à quel point il était fatigué, a maudit la bruine pour avoir éteint ses boutons et s'est dirigé vers une pirogue dans le but de s'y abriter. Il n'alla pas plus loin que l'entrée, car alors qu'il l'atteignait, un Allemand aux yeux écarquillés gravit les marches et le heurta en s'inclinant. Pendant une seconde entière, les deux hommes restèrent debout, poitrine contre poitrine, bouche bée, trop surpris pour bouger. Puis le Hun se retourna et s'enfuit. Mais cette fois, Lionel Trelawney ne s'ennuyait pas trop pour jouer. Il sortit son revolver et se précipita après lui comme un possédé en tirant sauvagement. Deux coups ont vidé une flaque d'eau, un a fait éclater un sac de sable, un a fait voler une girouette et un est allé n'importe où. Son revolver vide frappa le Hun volant dans le bas du dos alors qu'il sautait par-dessus un mur ; et Lionel Trelawney sauta après lui.

"Molly est devenue folle", criaient ses frères officiers stupéfaits alors qu'ils escaladaient une ruine pour avoir une meilleure vue de la chasse. La course-poursuite faisait grand bruit dans les petits jardins de la rue principale. C'était un spectacle émouvant. Le Hun courait pour sauver sa vie, Lionel Trelawney s'acharnant sur son pinceau, jappant comme un fox-terrier frénétique. Ils ont plongé à travers des lits enchevêtrés, se sont écrasés à travers des clôtures folles, sont tombés éperdument, se sont relevés et ont continué leur course, sifflant comme une cornemuse perforée.

Des têtes d'Atkins apparaissaient partout. « S'il vous plaît, si ce n'est pas le vieux collier et les poignets ! Allez-y, monsieur, c'est ce qu'il faut leur donner ! » Un Yorkshireman a ouvert un livre et a commencé à chanter les probabilités, mais personne n'y a prêté attention. Le Boche, gravement touché, s'est enfui à l'intérieur d'un poulailler détruit. Lionel Trelawney a arraché des poignées d'un mur en ruine et l'a bombardé avec des pluies de briquettes. La poursuite reprit, acclamée par les cris stridents et les cris des spectateurs.

Soudain, il y eut un soulèvement de planches et de poussière de brique, et les deux coureurs disparurent.

"Au fond d'une cave", s'exclamèrent les frères officiers. "Oh, regarde ! Fritz est en train de ramper."

Le visage blanc et terrifié de l'Allemand apparut au niveau du sol, puis, avec un frémissement (accompagné d'un grand bruit de matériau déchirant), il souleva son corps et repartit. Une seconde plus tard, Lionel Trelawney se levait également, agitant un morceau de tissu gris à la main. "Molly a arraché le siège de son pantalon", a crié la tribune. "Ouais, déchire-moi, Pup!" "Bon vieux col et poignets !" » ont fait le chœur des Loamshire Atkins.

Lionel Trelawney a répondu noblement ; il gagna un mètre, deux mètres, cinq, dix. Le Hun pataugea dans une rangée de cannes à framboisiers, trébucha et se vautra dans le moule. Trelawney tomba sur lui comme un Écossais avec un morceau de trois penny et ils roulèrent hors de vue, enlacés l'un dans l'autre.

Les Loamshires ont sauté de leurs perchoirs fous et se sont repliés pour voir l'arrivée, guidés par les grognements, les grognements, le fracas des cannes de framboisier et les jets de moisissure du jardin projetés vers le ciel. Mais il était trop tard. Ils rencontrèrent le vainqueur propulsant les restes des vaincus dans une ruelle vers eux. Ses culottes fauves étaient noires de moisissure, sa tunique galbée était déchiquetée en rubans ; ses cheveux lisses ressemblaient à un nid d'oiseau ; son nez était incliné vers tribord ; un œil exorbité comme un bow-window fermé ; son lunettes ne l'était pas. Mais ce qui était étonnant, c'est que cela ne semblait pas le déranger ; il rayonnait, en fait, et avec un cri joyeux à ses amis : « Joyeux petit galopant, hein, quoi ? mon plastron de chemise, espèce d'homme impoli ! »

« De la soupe sur le devant de votre chemise ! » babillaient les Loamshires. "De quoi parles-tu?"

"Parler de?" » a déclaré Lionel Trelawney. "Eh bien, ce voyou était serveur chez Claritz, et il a répandu du mulligatawny sur mes haillons une nuit, il y a trois ans - cela m'a terriblement agacé."

XXXIV

LE PIÈGE À Fous

Ennemi généreux, âme de chevalerie, je suis toujours prêt à admettre que le Boche a beaucoup de bons côtés. Par exemple, il est... euh... euh... oh, eh bien, je ne vois aucun bon point particulier pour le moment. D'un autre côté, il faut admettre qu'il a aussi ses mauvais, et l'un d'eux est qu'il ne supporte pas le succès ; il est le pire gagnant du monde.

Jamais il ne réussit une de ses « retraites victorieuses », mais il lui faut gâcher l'effet en laissant derrière lui toutes sortes de pièges puérils, de toboggans à beurre, etc., pour le grand ennui des vaincus qui balayent, affichant un état d'esprit qui est habituellement glissé hors d'une école pour dames.

La plupart de ses farces sont de l'ordre du 5 novembre et détonnent au moyen d'un agencement soigné de ressorts, de fil et d'acide contenus dans un petit cylindre métallique.

Vous ouvrez une porte et la maison attenante s'envole tout autour, laissant la porte dans votre main endommagée. Vous marchez sur un caillebotis ; quelque chose cloche ! et le caillebotis se lève et vous frappe pour vous donner une limite à votre jambe - et ainsi de suite, toutes sortes de diversions.

Bien sûr, vous n'ouvrez pas vraiment les portes et ne caracolez pas sur des caillebotis ; c'est seulement ce qu'il (Jerry), dans sa foi simple, imagine que vous ferez. En réalité, vous ravivez des souvenirs de l'époque où, petit garçon, vous attachiez des ficelles dans des passages sombres et des carafes d'eau en équilibre sur le dessus des portes ; et tous les trucs élémentaires de salon des Boche vous sont immédiatement révélés.

Il n'y a pas si longtemps, les Huns, assoiffés de lauriers encore plus impérissables, ont réalisé une soudaine manœuvre magistrale vers l'Est. Notre état-major amateur tomba instantanément dans le piège, et lorsque la bataille reprit, nous nous rendîmes compte que nous avions été attirés à vingt milles plus près de l'Allemagne.

Les Huns ne nous avaient pas laissé les choses très confortables ; La majeure partie de la couverture avait explosé, et il y avait la généreuse réserve habituelle de pièges qui traînaient bêtement suppliant d'être déclenchés. Cependant, nous nous sommes abrités dans des trous et des coins étranges, à la recherche de ce que nous pouvions « souvenir » et nous nous sommes installés aussi confortablement que possible.

C'est au cours d'une de ces expéditions souvenirs que notre William croisa un coupe-paille qui se tenait dans l'ancienne cour des écuries de l'ancien château. Maintenant, pour une unité montée, un coupe-paille est une chose d'une valeur incroyable. C'est pour nous ce qu'est une machine à hacher pour la ménagère économe.

Notre propre coupeur se trouvait avec les bagages, à des kilomètres à l'arrière, et y restera probablement.

William descendit de cheval et s'approcha de la chose avec précaution. C'était un moteur Boche, visiblement tout neuf et en excellente finition. C'était tout à fait trop beau pour être vrai ; il doit y avoir un piège quelque part. William recula de vingt mètres et lui lança une brique : deux, trois, quatre briques. Rien ne s'est passé. Il s'approcha à nouveau et y attacha une extrémité d'un fil téléphonique détruit, se retira derrière un tas de décombres et tira.

Le coupe-paille s'est balancé d'avant en arrière et est finalement tombé sur le côté sans que rien de fâcheux ne se produise. William, essuyant les perles de son front, sortit de sa cachette. Après tout, il n'y avait aucun piège. C'était un véritable trésor. Le capitaine tapotait sa tête bouclée, disait « Bon garçon » et l'exaltait au-dessus de tous les autres subalternes. *Bon* , très *bon* !

Mais comment le ramener à la maison ? Car vous ne pouvez pas transporter des coupe-paille adultes dans les poches de votre culotte. D'une part, cela gâche l'ensemble de votre pantalon. Il doit s'armer. Oui mais comment?

Le pays était rapide avec d'autres cavaliers tous dans le commerce des souvenirs. S'il quittait le coupe-paille pour aller chercher un avant-bras, l'un d'eux ne manquerait pas de le récupérer. D'un autre côté, s'il attendait qu'un avion arrive au trot de sa propre volonté, il pourrait peut-être attendre le reste de la guerre. Les Limbers (GS Mule) ne sont pas des entraîneurs féeriques.

Notre William y était confronté. Il plongea ses mains dans les poches de sa tunique et commença à marcher de long en large, réfléchissant du mieux qu'il pouvait.

En empochant sa main droite, il rencontra un objet dur. En sortant l'objet, il découvrit qu'il s'agissait d'un cadeau de sa mère. La mère de William, sous l'impression que son fils passe la plupart de son temps blessé et affamé dans le no man's land, lui fournit généreusement des repas de tabloïd pour le soutenir dans ces occasions - des troupeaux de bisons rassemblés dans une seule pastille, le jus de myriade de kines concentrées dans une seule capsule. Ce cadeau particulier était composé de menthes poivrées (garanties pour apaiser la soif pendant des semaines). Mais ce ne sont pas les menthes poivrées qui ont retenu l'attention du jeune William ; c'était le récipient, petit, métallique, cylindrique.

Son inspiration s'enflamma. Il plaça la boîte sous le coupe-paille, coupa un mètre de fil téléphonique, enfouit une extrémité dans de la menthe poivrée, enroula l'autre autour de la jambe du coupeur, monta à cheval et chevaucha pour sauver sa vie.

Lorsqu'il revint avec l'avant-garde une heure plus tard, il trouva trois cavaliers, deux canonniers à cheval et un transporteur groupés dans un rayon respectueux autour du coupe-paille, se défiant mutuellement de tirer le fil.

Lorsque William s'avança hardiment et tira sur le fil, ils se jetèrent tous à terre et se couvrirent la tête. Quand rien ne s'est produit et qu'il a tranquillement commencé à charger le couteau sur le membre, ils se sont tous redressés et ont pris note.

Lorsqu'il ramassa la boîte de conserve et leur offrit des menthes poivrées, ils montèrent à cheval et s'en allèrent.

XXXV

L'ARMÉE FANTÔME

Je peux facilement croire que la guerre pratiquée par Messieurs nos aïeux était plutôt amusante. Vous vous êtes habillés de plumes et d'accessoires - comme quelque chose entre un coq de chasse indien et un tank - et vous avez caracolé à travers le pays sur un cheval de trait, vous baisant la main sur les balcons et faisant des dépenses très libérales avec n'importe quel bourgeois gros (et non armé). cela s'est produit en cours de route.

Avec les premières gelées, vous êtes entré dans vos quartiers d'hiver, c'est-à-dire que vous êtes devenu le château le plus pratique et avez passé les mois sombres à rôtir des châtaignes au feu de bois, à divertir les dames avec des plaisanteries, des énigmes et des sélections au clavecin et à rivaliser avec le bouffon dans le composition de Limericks.

Le métier des armes, à cette époque spacieuse, était à la fois agréable et lucratif. Aujourd'hui, ce n'est ni l'un ni l'autre ; c'est un triste *mélange* de boue, de sang, d'ennui et de blue-funk (je parle pour moi).

Pourtant, même cette calamité misérable qu'elle est (ou qu'elle était), a produit ses situations piquantes, ses moments forts ; et l'on parvient à tirer de tout cela un sourire narquois, ici et là, de temps en temps.

J'ai entendu le son des cornemuses Argyll et Sutherland dans les jardins Borghèse et j'ai vu un Highlander danser la danse de l'épée avant d'applaudir Rome. J'ai vu les mèches d'amour d'une idole de matinée garnies de tondeuses à cheval (pleurez, ô clapets de banlieue !) et un académicien royal prêt à blanchir une porcherie. J'ai vu des aviateurs américains portant des éperons, des Royal Marines à cheval et un lapin australien né libre en train de manger. J'ai vu toutes ces choses.

Et j'ai vécu bien des moments forts ces derniers temps, car j'ai eu le bonheur d'être aux avant-postes de la chasse qui a balayé l'innommable Boche d'une large partie de la France et de la Belgique, et le souvenir de l'accueil réservé à nous, les premiers Britanniques, par les habitants libérés resterons avec nous jusqu'au dernier « Lights Out ». La procédure était pratiquement la même partout.

Il y avait un crépitement de tirs sauvages de fusils devant un village ; puis, alors que nous travaillions sur le flanc, une douzaine de uhlans en cape bleue sortaient de l'arrière et disparaissaient au galop non-stop pour rentrer chez eux. En une seconde, la rue serait pleine de monde, se vidant des maisons et des caves, se pressant autour de nous, se serrant la main, nous embrassant, nous et nos chevaux même, nous étouffant de fleurs, applaudissant « *Vivent les Anglais !* », « *Vive la France !* " criant, riant, pleurant, fou de joie.

Les grand-mères apparaissaient aux fenêtres des combles en agitant des calicots tricolores (cachés pendant quatre longues années) tandis que d'autres placardaient des affiches tricolores : « *Hommage à nos Libérateurs* », « Bénédiction de Dieu à Tommy ».

Cependant, aussi touchant et délicieux que cela puisse être, la guerre n'avançait pas ; cet *embarras des amis* sauvait la peau des uhlans.

De plus, bien que je puisse me résoudre à accepter une certaine quantité d'embrassades de la part de jeunes gens séduisants, je n'apprécie pas les salutations des vieillards non tondus ; et quand les maires et les corporations étaient occupés, ma modestie native se rebellait, et je me détachais et, avec mon cheval décoré de fleurs des oreilles à la croupe, de sorte que je ressemblais plus à une serre ambulante qu'à un pauvre soldat, je prenais reprenons la poursuite.

En temps voulu, nous arrivâmes à la ville considérable de X. Tout se passa comme avant. Alors que nous entrions par un côté, les audacieux uhlans surgissaient de l'autre côté et les citadins envahissaient les rues. J'ai été traîné hors de la selle, embrassé, pompé et acclamé pendant que mon destrier abasourdi était mis à l'écart et décoré de roses roses. Des drapeaux tricolores apparaissaient à toutes les fenêtres ; des tracts de bienvenue ont été distribués. Le maire et la corporation arrivèrent au pas de course, et nous luttions ensemble pendant quelques instants pendant qu'ils me râpaient avec leurs barbes rases. Lorsque les premières extases furent quelque peu apaisées, je rassemblai ma troupe et me préparai à repartir.

"Où est-ce?" » demanda le maire, un bon vieux vétéran, portant deux médailles de 1870 et le ruban de la Légion.

"À Z.", dis-je.

" *Ecoutez, donc* ", a-t-il prévenu. "Ils vous y attendent en force, mitrailleuses et canons."

J'ai laissé entendre que je devais néanmoins aller voir, de toute façon, et je suis donc sorti de la ville, la grande foule nous accompagnant jusqu'à la périphérie, applaudissant, criant des conseils, des avertissements et des bénédictions. En vue de Z., nous nous sommes débarrassés de nos hommages floraux et, débouchant de la route à l'air libre, nous avons avancé à la recherche d'ennuis.

Il est venu. Une douzaine de cris stridents retentirent au-dessus de la tête, causant des pertes considérables parmi certains choux voisins, et peu de temps après, des coups de fusil s'ouvrirent depuis les chaumières éloignées.

Je me suis retourné et j'ai essayé de trouver une ouverture vers le nord, mais deux mitrailleuses ont rapidement cédé sur ce flanc. Une autre volée de grincements fit jaillir le moule devant nous et quelques fusils et mitrailleuses neufs se joignirent à nous. Trop chaud, tout à fait.

J'étais sur le point de décider de faire de mon mieux et de me mettre à couvert lorsque tous les tirs hostiles se sont soudainement éteints et, quelques minutes plus tard, j'ai vu des canons légers sur des camions, des mitrailleuses dans des automobiles et des uhlans à cheval sortir du village en courant. routes à l'est.

La journée était la mienne. Ouais, ouais ! Bonza! Skoo-kum! Hourra ! Néanmoins, j'étais à juste titre déconcerté, car il était absurde de supposer qu'une force écrasante de Huns lourdement armés aurait pu être chassée d'une position forte par la moindre poignée de cavalerie sans soutien. Manifestement absurde !

Je me suis retourné et, ce faisant, mon œil s'est posé sur la route bordée de peupliers venant de X., et j'ai compris. Le long de la route affluaient les hordes d'une armée qui avançait, avançant en colonnes de route quelque peu irrégulières, avec des bannières flottantes. La tête de la colonne n'était pas éloignée d'un mille. L'infanterie doit être sur mes talons, pensai-je. Grosse marche ! J'ai attrapé mes lunettes, j'ai longuement regardé et j'ai hurlé de rire. Ce n'était pas du tout l'infanterie ; c'était la population libérée de X., dirigée par le maire et la corporation, qui sortait pour voir la fête, les *grands-mères* et *les grands-pères* , les filles et les garçons, les chiens et les bébés, marchant, boitillant, sautillant, trottinant sur le trottoir, saluant leurs calicots tricolores et chantant la *Marseillaise* . Je pensais au Boche fuyant vers l'est avec la crainte de Dieu dans l'âme, et je me roulais sur ma selle ivre de joie.